ek 04

Contents		Page	Date	Check

QR코드 하나를 가리고 찍으면 편해요!

Day 01 LC가 잘 들리는 어휘 ② Part 2~4

MP3 바로듣기

강의 바로보기

1 **miss**

v. ~을 놓치다

M: What happened at the workshop yesterday?
W: I **missed** it too.

남: 어제 워크숍에서 무슨 일이 있었나요?
여: 저도 거기 못 갔어요.

만점 TIP

• 관련 기출
miss the deadline 마감일을 못 지키다
• 토익 LC에서 miss는 주로 '~을 놓치다, (회의 등에) 못 가다'의 의미로 나오지만 '~을 그리워하다'라는 뜻도 있습니다.

2 **patron**

n. 고객, 후원자

M: Our **patrons** come from all over the world just to try our famous pasta.
W: I can understand why! It's delicious.

남: 우리 고객들은 단지 우리의 유명한 파스타를 맛보기 위해 전 세계에서 옵니다.
여: 왜 그런지 알겠어요! 맛있어요.

만점 TIP

• 일반적인 의미의 고객은 customer라고 하며, 주로 전문적인 서비스를 의뢰한 고객을 client라고 합니다. patron, customer, client 모두 LC에 자주 등장합니다.

3 **refrain from -ing**

~하는 것을 삼가다

M: Please **refrain from speaking** loudly on the phone in the waiting area.
W: Sorry about that. I'll take my call outside.

남: 대기실에서 큰 소리로 통화하는 것은 삼가주시기 바랍니다.
여: 죄송합니다. 전화를 바깥에서 받겠습니다.

4 bring A with me

• A를 가지고 가다

M: I'm meeting with the client tomorrow to discuss the project proposal. Do you have the latest version of the document?
W: Yes, I'll **bring a copy with me** to the meeting.

남: 내일 고객과 만나 프로젝트 제안서에 대해 논의할 예정입니다. 그 문서의 최신 버전이 있나요?
여: 네, 회의할 때 사본을 가지고 가겠습니다.

5 tenant

• n. 임차인

M: When did the new **tenant** for Unit 223 say she would move in?
W: On May 1, I believe. The unit has already been cleaned and is ready to go.

남: 223호실의 새 임차인이 언제 입주하겠다고 했습니까?
여: 아마 5월 1일일 거예요. 그 호실은 이미 청소가 끝났고 사용할 준비가 완료되었습니다.

만점 TIP
- 관련 기출

landlord 집주인
resident 거주자, 주민

6 board of directors

• n. 이사회, 위원회

M: I hope the **board of directors** considers our proposal seriously.
W: Yes, let's hope they see the potential benefits.

남: 이사회에서 우리의 제안서를 진지하게 고려하면 좋겠어요.
여: 네, 그들이 잠재적인 이점을 볼 수 있기를 바랍니다.

만점 TIP
- 관련 기출

board member 이사회 구성원, 이사
board meeting 이사회 회의

7 **have yet to + 동사원형**

● 아직 ~하지 않았다

M: I **have yet to receive** a text from the technician about when he'll stop by to fix our air conditioner.
W: Should we give him a call?

남: 기술자로부터 언제 우리 에어컨을 수리하러 들를지에 대한 문자를 아직 받지 못했습니다.
여: 그에게 전화를 해야 할까요?

8 **attendance**

● n. 참석자 수

M: **Attendance** to today's skills workshop was low, wasn't it?
W: Yes, many people seem to be away for the holidays.

남: 오늘 기술 워크숍 참석자 수가 적었죠?
여: 네, 많은 분들이 연휴로 자리에 안 계신 것 같습니다.

만점 TIP
• 관련 기출
well-attended 참석률이 좋은

9 **in the middle of**

● ~하는 중인

M: I need to schedule a meeting, but the system seems to be down.
W: I apologize for the inconvenience. Mr. Yan is **in the middle of** updating our appointment system to improve its speed.

남: 회의 일정을 잡아야 하는데, 시스템이 다운된 것 같습니다.
여: 불편을 끼쳐드려 죄송합니다. 얀 씨가 저희 예약 시스템의 속도를 개선하기 위해 업데이트를 진행 중입니다.

10 call a meeting

회의를 소집하다

M: The finance supervisor just **called a meeting** to discuss reallocating surplus funds.
W: Do I need to be there, too?

남: 방금 재무팀장이 여유 자금의 재분배를 논의하기 위해 회의를 소집했습니다.
여: 저도 거기에 있어야 하나요?

11 care to + 동사원형

~하고 싶다

M: Would you **care to have** a cup of coffee while you wait?
W: No thanks, I'm actually quite sensitive to caffeine.

남: 기다리시는 동안 커피 한 잔 하고 싶으신가요?
여: 괜찮습니다, 저는 사실 카페인에 꽤 민감해요.

12 disturb

v. ~을 방해하다

M: Shelly is in an online conference call right now, so you probably shouldn't **disturb** her.
W: Okay, I won't.

남: 셸리는 지금 온라인 전화 회의 중이니 방해하지 않으셔야 할 것 같습니다.
여: 알겠습니다. 방해하지 않을게요.

13 stick with

~을 고수하다

M: I heard your team is considering some bold new digital marketing ideas.
W: But the board wants us to **stick with** traditional advertising.

남: 당신 팀에서 과감하고 새로운 디지털 마케팅 아이디어를 검토 중이라고 들었습니다.
여: 하지만 이사회는 우리가 전통적인 광고를 고수하기를 원합니다.

14 **just in case**

• 만일의 경우를 대비해서

M: We should probably bring some raincoats with us to the forest expedition **just in case.**
W: You're right. It could start pouring unexpectedly.

남: 만일의 경우를 대비해서 숲 탐험에 우비를 좀 가지고 가야겠네요.
여: 맞아요. 갑자기 비가 쏟아질 수도 있으니까요.

만점 TIP

• 관련 기출

「in case of + 명사」/「in case + 절」 ~의 경우에 대비해
We should leave soon in case of traffic.
We should leave soon, in case there's traffic.
교통 체증이 있을지도 모르니 곧 나서야 해요.

15 **rather than**

• ~보다는

M: Should we book the beachfront location or the city park for the team-building event?
W: Let's use the city park **rather than** the beachfront. It's more accessible for everyone.

남: 팀 단합 행사를 위해 해변으로 예약할까요, 시내 공원으로 할까요?
여: 해변보다는 시내 공원으로 합시다. 모두에게 접근성이 더 좋잖아요.

16 **be named/ appointed**

• 임명되다, 지명되다

M: Has the new marketing manager **been named** yet?
W: I'm hoping it will be Ms. Cohen.

남: 새로운 마케팅 부장이 임명되었나요?
여: 코헨 씨가 되길 바라고 있어요.

만점 TIP

• 관련 기출

name[appoint] A as B A를 B에 임명하다
☞ as는 생략 가능
named + 이름 ~라는 이름의
a woman named Natalie 나탈리라는 이름의 여자

17 vacate

v. (건물, 공간 등을 다른 사람이 사용할 수 있도록) 비우다

M: By when were we asked to **vacate** the building?
W: The end of June at the latest, but we can request an extension if needed.

남: 언제까지 건물을 비워달라는 요청을 받았습니까?
여: 늦어도 6월 말까지요, 하지만 필요하다면 연장을 요청할 수 있습니다.

18 get A B

A에게 B를 얻어주다

M: You can't **get us an earlier flight**, can you?
W: No, they're fully booked.

남: 저희에게 더 이른 비행편을 구해주실 수는 없겠죠?
여: 못 해요, 예약이 꽉 찼습니다.

19 place an order

주문하다

M: Hi, I'm calling because I'd like to **place an order** for 1,000 business cards.
W: Okay. Is there a specific design that you wanted to use for your cards?

남: 안녕하세요, 명함 1,000장을 주문하고 싶어서 전화드렸습니다.
여: 알겠습니다. 혹시 명함에 사용하고 싶은 특정한 디자인이 있으신가요?

만점 TIP

• 관련 기출

place a call 전화를 걸다

20 fill an order

주문에 맞춰 물품을 공급하다

M: Hey, did you take care of the request for 100 spiral notebooks and 200 lined-paper notepads?
W: Yes, I **filled that order** earlier this morning.

남: 저, 스프링 공책 100개와 줄 쳐진 메모장 200개 요청은 잘 처리하셨나요?
여: 네, 오늘 아침 일찍 주문에 맞춰 물품을 공급했습니다.

21 bring A up

A(문제나 이슈)를 제기하다

M: Have you noticed any issues with the office coffee machine lately?
W: Yes, it's been acting up. I'll **bring it up** at our staff meeting tomorrow.

남: 최근에 사무실 커피 머신에 문제가 생긴 것을 알고 계셨나요?
여: 네, 계속 작동이 잘 안되었어요. 내일 직원 회의에서 그 문제를 제기할 것입니다.

22 take inventory

재고 조사를 하다

M: Before wrapping up for the day, the most important step is to **take inventory** of all our merchandise.
W: I should use this checklist over here, right?

남: 하루를 마무리하기 전에 가장 중요한 단계는 우리의 모든 상품에 대한 재고 조사를 하는 것입니다.
여: 여기 있는 이 체크리스트를 써야 하는 거죠?

23 keep track of

• ~을 추적하다, ~의 정보를 계속 파악하다

M: How do we **keep track of** the shipments we've unloaded?
W: We use a barcode scanning software to log them into our inventory management system.

남: 내린 화물을 어떻게 추적합니까?
여: 저희는 바코드 스캔 소프트웨어를 사용하여 재고 관리 시스템에 기록합니다.

만점 TIP

• track이 동사로 쓰이면 '~을 추적하다'라는 의미입니다.

24 aim to + 동사원형

• ~하는 것을 목표로 하다

M: We're **aiming to finish** painting the walls tomorrow.
W: That sounds great! Thank you for the update.

남: 내일 벽 페인트 칠 작업을 끝내는 걸 목표로 하고 있어요.
여: 아주 잘됐네요! 소식 알려주셔서 감사합니다.

만점 TIP

• 관련 기출

be aimed at ~을 대상으로 하다, ~을 겨냥하다
aim n. 목적, 목표

25 shift

• n. 교대 근무

M: Doesn't Jacob usually work the evening **shift**?
W: Someone from the day shift called in sick today.

남: 제이콥 씨는 보통 저녁 근무를 하지 않나요?
여: 낮 근무인 어떤 분이 오늘 아파서 못 나왔거든요.

만점 TIP

• 관련 기출

work extra shift 추가 근무를 서다
cover one's shift ~의 근무를 대신 서다

26 claim

v. ~을 청구하다, 주장하다

n. 청구[신청], 주장

M: I heard there's a new procedure for **claiming** travel expenses.
W: Yes. Instead of the paper forms, now we can submit our expenses online.

남: 출장 비용 청구 절차가 새로 생겼다고 들었어요.
여: 네. 종이 양식 대신에, 이제 온라인으로 비용 내역을 제출할 수 있습니다.

만점 TIP

• 관련 기출

baggage claim area (공항의) 수하물 찾는 곳

27 belongings

n. 소지품, 소유물

M: Hey Lisa, congratulations on your promotion! Do you need any help moving your personal **belongings** to your new desk?
W: Thanks so much. And, it's alright, I should be able to do it by myself.

남: 리사, 승진 축하해요! 개인 소지품을 새 책상으로 옮기는 데 도움이 필요하신가요?
여: 정말 감사합니다. 그리고 괜찮아요, 저 혼자 할 수 있을 거예요.

28 landscaping

n. 조경 (작업)

M: I'd like to get some **landscaping** done around my house. Can you stop by and give me an estimate?
W: Sure. Where is it located?

남: 집 주변에 조경 작업을 좀 하고 싶은데요. 이번 주 중에 들러서 견적을 알려주실 수 있나요?
여: 물론이죠. 어디에 위치해 있나요?

29 loyal

a. 충성스러운, 단골의

M: Is there any way to expedite the shipping of my purchase?
W: Of course, we can arrange that for you. Since you're our **loyal** customer, we'll prioritize your shipment.

남: 제가 구매한 물건의 배송을 신속히 처리할 수 있는 방법이 있을까요?
여: 물론이죠, 조정해 드리겠습니다. 고객님이 저희의 단골고객인 만큼 우선적으로 배송해드리겠습니다.

만점 TIP
- 관련 기출
  loyal customer / frequent customer 단골 손님

30 extend the deadline

마감일을 연장하다

M: Beth, this project is going to require more research than I anticipated.
W: Okay, I can **extend the deadline** for you.

남: 베스, 이번 프로젝트는 제가 예상했던 것보다 더 많은 연구가 필요할 것 같습니다.
여: 알겠어요, 기한을 연장해 드릴 수 있습니다.

만점 TIP
- 관련 기출
  extend the operation hours 운영 시간을 연장하다

31 set A apart from B

A를 B로부터 구별하다, 눈에 띄게 하다

M: Can you recommend some laptops for remote work?
W: Sure, I recommend the HG X-100 model; what **sets it apart from other brands** is its impressive battery life.

남: 원격 근무용 노트북 컴퓨터를 추천해주시겠어요?
여: 물론이죠, HG X-100 모델을 추천합니다. 그 제품이 다른 브랜드와 차별화되는 점은 인상적인 배터리 수명입니다.

32 corporate

a. 회사의, 기업의

M: I'd like to ask you about your catering service. I'm having a **corporate** party next month, and I'd like to see your price list.
W: Sure, I'd be happy to provide you with information about our services.

남: 케이터링 서비스에 대해 문의드리고 싶습니다. 다음 달에 회사 파티를 하는데요, 귀사의 가격 리스트를 보고 싶어요.
여: 물론이죠, 저희 서비스에 대한 정보를 제공해 드리겠습니다.

만점 TIP

• 관련 기출

corporate event 회사 행사
corporate dinner 회식
corporate discount 기업 할인

33 keep A up to date

A에게 계속 최신 소식을 알려주다 (= keep A updated)

W: How's the project coming along?
M: We've made some progress, but there are a few challenges we're facing. I'll **keep you up to date** on our developments.

여: 프로젝트는 어떻게 되어 가나요?
남: 진척이 좀 있습니다만, 몇 가지 어려움들을 직면하고 있어요. 개발 상황에 대해 계속 최신 소식을 알려드리겠습니다.

만점 TIP

• 관련 기출

keep A informed[posted] A에게 계속 소식을 알려주다

34 highly recommended

- 강력히 추천되는

M: Thanks for meeting with me. Your interior design services came **highly recommended** by a colleague of mine.
W: It's my pleasure. Now, which section of your house do you want to remodel?

남: 만나주셔서 감사합니다. 귀하의 인테리어 디자인 서비스를 제 동료가 강력히 추천했습니다.
여: 천만에요. 그럼, 집의 어느 부분을 리모델링하고 싶으신가요?

35 interview

- v. (면접관이) 면접을 보다, (언론 기관에서) 인터뷰를 하다
n. 면접, 인터뷰

M: How's your schedule looking this afternoon?
W: I'm **interviewing** new applicants for our software engineer position at 3.

남: 오늘 오후 일정은 어떤가요?
여: 3시에 소프트웨어 엔지니어 자리에 지원한 새로운 지원자들 면접을 볼 겁니다.

만점 TIP

- 관련 기출
conduct an interview 면접을 실시하다

36 accommodate

- v. ~을 수용하다

M: How large is the conference center for the workshop?
W: It can **accommodate** up to 200 people.

남: 워크숍을 위한 컨퍼런스 센터의 규모는 어느 정도입니까?
여: 200명까지 수용 가능합니다.

만점 TIP

- accommodate에는 여러 뜻이 있지만 LC에서는 주로 '~을 수용하다'라는 의미로 등장합니다. 참고로, 명사형 accommodation(숙박)도 자주 나오므로 꼭 알아 두세요.

37 **renovate**

v. ~을 개조하다

M: Are we still planning to **renovate** our office this summer?
W: Yes, we're going to get all our desks and computers replaced and the walls repainted.

남: 여전히 이번 여름에 사무실을 개조할 계획인가요?
여: 네, 책상과 컴퓨터를 모두 교체하고 벽도 다시 칠할 예정입니다.

38 **capacity**

n. 용량, 수용력, 능력

M: What's the seating **capacity** of this auditorium?
W: About 500 people.

남: 이 강당의 좌석 수용력은 얼마나 되나요?
여: 약 500명입니다.

39 **leak**

n. 누수

M: How should I deal with the **leak** under the sink?
W: You should call a plumber.

남: 싱크대 아래 누수를 어떻게 처리해야 할까요?
여: 배관공에게 전화해 보세요.

40 **property**

n. 부동산, 건물

M: This is Marland's Real Estate office.
W: Hello, I'm interested in seeing the **property** on Olive Avenue that you have listed for sale on your website.

남: 말랜드 부동산 사무실입니다.
여: 안녕하세요, 웹사이트에 매물로 올려주신 올리브 애비뉴의 부동산을 보고 싶습니다.

만점 TIP

- Part 3에서 아파트에 문제가 발생했을 때 property manager(부동산 관리인)에게 도움을 요청하는 대화가 종종 나옵니다.

DAILY QUIZ

MP3 바로듣기

단어와 그에 알맞은 뜻을 연결해 보세요.

1	tenant	(A)	참석자 수
2	shift	(B)	임차인
3	attendance	(C)	교대 근무

빈칸에 알맞은 단어를 선택하세요.

4 I heard the project deadline has been -------.
프로젝트 마감일이 연장되었다고 들었어요.

5 Has the new sales director been ------- yet?
새 영업 이사가 지명 되었나요?

6 The CEO ------- a special meeting for 9:00 AM tomorrow.
CEO가 내일 오전 9시로 특별 회의를 소집했어요.

(A) disturbed
(B) named
(C) called
(D) extended

음원을 듣고 질문에 어울리는 응답을 고르세요.

7 (A) (B) (C)

8 (A) (B) (C)

정답 1(B) 2(C) 3(A) 4(D) 5(B) 6(C) 7(B) 8(C)

Day
02 동사 ❸ Part 5, 6

MP3 바로듣기 강의 바로보기

1 inspect

inspection n. 점검, 검토
inspector n. 조사관

• 점검하다, 검토하다

기출 be thoroughly **inspected** by
~에 의해 철저하게 점검되다

inspect billing statements for extra fees
추가 요금에 대해 청구서를 검토하다

Assembly line managers ------- the products frequently to ensure they meet quality standards.

(A) inspect (B) perform

2 handle

handling n. 처리, 취급

• 처리하다, 다루다

기출 **handle** all inquiries about
~에 대한 모든 문의사항을 처리하다

will be **handled** by the customer service department
고객 서비스부에 의해 다뤄질 것이다

All inquiries about our new service are ------- swiftly by our customer service representatives.

(A) handled (B) applied

3 record

• 기록하다

기출 **recorded** one's highest profits in the last quarter
지난 분기에 가장 높은 이익을 기록했다

As a result of decreased demand for wristwatches, Prestige Company ------- its lowest sales ever last year.

(A) proved (B) recorded

4 intend

intention n. 의도
intentionally ad. 고의로
intended a. 의도된

● ~하려고 생각하다, ~할 예정이다

기출 **intend** to open a factory in
~에 공장을 열 생각이다

be **intended** for employees who
~한 직원들을 대상으로 할 예정이다

Humble Industries reported that it ------- to discontinue production of its line of Nexus Microwaves next year.

(A) intends (B) invites

5 select

selective a. 까다로운, 선별적인
selection n. 선택 (대상)

● 선택하다, 선정하다

기출 be **selected** for publication
출판 대상으로 선택되다

select a replacement
후임을 선정하다

Mr. Hamato has been ------- to receive the Architect of the Year award at the 7th Annual Architecture Convention.

(A) selected (B) delivered

6 remove

removal n. 제거
removable a. 제거할 수 있는

● 제거하다

기출 be **removed** from the list
목록에서 제거되다

When ------- the bicycle parts from the packaging, Grind Cycles recommends checking the provided inventory list.

(A) producing (B) removing

7 supply

supplier n. 공급업체

공급하다, 제공하다

기출 **supply** billing software 청구 소프트웨어를 공급하다

supply all the materials 모든 재료를 제공하다

The personnel office will ------- all presenters at the job fair with ID tags that display the individual's name.

(A) train (B) supply

만점 TIP

supply는 '물품'이라는 뜻의 복수명사 supplies로도 출제된다.

8 repair

수리하다

기출 **repair** a washing machine 세탁기를 수리하다

need to be **repaired** 수리되어야 하다

Nile's Auto Shop normally ------- damaged vehicles completely within two weeks.

(A) repairs (B) installs

만점 TIP

repair는 road repairs(도로 수리)처럼 명사로도 자주 출제된다.

9 delay

연기하다, 지연시키다

기출 be **delayed** by a construction project
건설 프로젝트로 인해 연기되다

be significantly **delayed**
상당히 지연되다

The launch of Ronson Digital's latest laptop has been ------- due to extensive flooding at its factory.

(A) included (B) delayed

만점 TIP

delay는 명사로도 사용될 수 있는데, 가산명사(delays in)와 불가산명사(without delay)로 모두 출제된다.

10 feature

• ~을 특징으로 하다, 특별히 포함하다

기출 **feature** a variety of events
다양한 행사들을 특징으로 하다

feature live music
라이브 음악을 특별히 포함하다

This year's Hampton Film Festival will ------- several films made by local independent filmmakers.

(A) feature (B) collect

11 address

• (문제를) 다루다, 처리하다

기출 **address** concerns about the budget proposal
예산 제안서에 대한 우려를 다루다

address customer requests
고객 요청을 처리하다

To ------- the complaints from local residents, the city council will host a public forum next month.

(A) prevent (B) address

12 hire

• 채용하다, 고용하다

기출 **hire** a new manager
새로운 부장을 채용하다

hire extra editors to meet the deadline
마감일을 맞추기 위해 추가 편집자들을 채용하다

Spinks Corporation wants to ------- a new graphic designer to improve its promotional materials.

(A) hire (B) plan

13 access

accessible a. 접근 가능한, 이용 가능한

• ~에 접근하다, ~을 이용하다

기출 **access** important overseas markets by
~함으로써 중요한 해외 시장에 접근하다

Hasting Corporation hopes to ------- European markets with its new line of tablet computers.

(A) access (B) proceed

14 resume

• 재개하다, 재개되다

기출 will **resume** one's duties
~의 직무를 재개할 것이다

will **resume** as soon as possible
가능한 한 빨리 재개될 것이다

Riley Railways' normal train service will ------- as soon as the snowstorm has passed.

(A) assemble (B) resume

15 release

• 출시하다, 공개하다

기출 **release** one's latest product
신제품을 출시하다

release one's information to
~에게 …의 정보를 공개하다

Athletico is about to ------- its new line of running shoes in all major sportswear stores.

(A) release (B) develop

16 cause

• 야기하다, 일으키다

기출 **cause** traffic delays 교통 지연을 야기하다

The inclement weather has ------- power disruption throughout 30 percent of the city.

(A) caused (B) directed

17 **estimate**

추정하다, 견적을 내다

기출 **estimate** the number of working hours
근무 시간을 추정하다

By entering your shipping information, Corstin Delivery can ------- the amount of time it will take to deliver your order.

(A) estimate (B) endure

18 **reserve**

reservation n. 예약
reserved a. 보류된, 예약된

예약하다, (권리를) 가지다

기출 **reserve** the table for the luncheon
오찬을 위한 테이블을 예약하다

reserve the right to do
~할 권리를 가지다

Visit our Web site to ------- a room or to find out more information about our lodgings.

(A) reserve (B) decide

19 **transfer**

(직장, 부서를) 전근하다, 이체하다

기출 **transfer** to the accounting department
회계부로 전근하다

transfer funds to another account
자금을 다른 계좌로 이체하다

Mr. Connolly will be ------- to the Newport branch from the Cardiff branch in August.

(A) placing (B) transferring

20 conduct

수행하다, 실시하다

기출 **conduct** an inspection
점검을 수행하다

conduct a tour of the factory
공장 견학을 실시하다

Mr. Chong and his team will ------- an extensive analysis of the market research data.

(A) detain (B) conduct

21 focus

초점을 맞추다, 집중하다

기출 **focus** on analyzing financial data
재무 데이터를 분석하는 데 초점을 맞추다

focus on developing a new material
새로운 재료를 개발하는 데 집중하다

The seminar ------- on developing management skills that can be applied to all kinds of businesses.

(A) cooperates (B) focuses

22 guarantee

보장하다, 보증하다

기출 **guarantee** its delivery time
배송 시간을 보장하다

guarantee the privacy of personal information
개인 정보 보호를 보장하다

In order to ------- your place at the marketing workshop, you must register online by April 12.

(A) guarantee (B) expand

23 grant

• 승인하다, 제공하다

기출 **grant** Ms. Higgins a raise
히긴스 씨에게 급여 인상을 승인하다

grant employees more paid leave
직원들에게 더 많은 유급 휴가를 제공하다

This voucher ------- the holder an extra meal of equal value when purchasing a meal at any Joker's Restaurant location.

(A) accepts (B) grants

24 contact

• 연락하다

기출 **contact** Mr. Hamilton in Human Resources
인사팀의 해밀턴 씨에게 연락하다

If you wish to request annual leave, please ------- the HR department on Extension 102.

(A) contact (B) speak

25 exchange

• (같은 종류로) 교환하다

기출 **exchange** one's item for another item
다른 제품으로 ~의 제품을 교환하다

Diners who want to ------- one side dish with a different one should speak to their server.

(A) exchange (B) design

26 launch

• 개시하다, 착수하다

기출 **launch** an advertising campaign
광고 캠페인을 개시하다

To make sure its new cell phone is a success, Swipe Electronics will ------- a global marketing campaign.

(A) launch (B) pass

27 decline

declining a. 쇠퇴하는, 하락하는

• 거절하다, 하락하다

기출 **decline** applications
지원서를 거절하다

typically **decline** during the winter season
보통 겨울철에 하락하다

Demand for our range of hot beverages typically ------- during the summer months but recovers starting in October.

(A) declines (B) delays

28 share

• (물건, 의견을) 공유하다, 나누다

기출 **share** the results of the poll
여론조사의 결과를 공유하다

share any concerns
어떠한 우려라도 나누다

The CEO will ------- his plans for the company's continued growth at this week's board meeting.

(A) split (B) share

29 **limit**

limited a. 제한된, 한정된
limitation n. 한계

- 제한하다

기출 **limit** one's presentation to 시간
발표 시간을 ~로 제한하다

In order to complete the order on time, we have no choice but to ------- employee lunch breaks to thirty minutes this week.

(A) limit (B) separate

30 **outline**

- 요약하다, 간략하게 서술하다

기출 **outline** the strengths of
~의 강점을 요약하다

outline the basic responsibilities of
~의 기본 의무를 간략하게 서술하다

The memo distributed by Mr. Finnegan ------- the company's new marketing strategy and sales targets.

(A) outlines (B) instructs

31 **influence**

- 영향을 미치다, 영향을 주다

기출 **influence** consumer spending
소비자 지출에 영향을 미치다

be **influenced** by
~에 영향을 받다

The mayor of Chester believes that the construction of the new amusement park will positively ------- local tourism.

(A) influence (B) exchange

32 promise

약속하다

기출 **promise** to reduce taxes
세금을 줄이는 것을 약속하다

The hiring committee decided to offer Mr. Reynolds the position of financial manager because he ------- to reduce annual expenditure.

(A) followed (B) promised

33 encounter

(우연히) 마주치다, 접하다

기출 **encounter** A abroad
해외에서 A를 우연히 마주치다

encounter problems with products
제품에 대한 문제를 접하다

Users who ------- issues with our anti-virus software are advised to refer to the troubleshooting guide.

(A) inform (B) encounter

34 substitute

대체하다, 대신하다

기출 **substitute** honey for sugar
설탕을 꿀로 대체하다

Pork may be **substituted** for beef.
소고기가 돼지고기로 대체될 수 있습니다.

If you would prefer to reduce the calories of the recipe, you may ------- cream with low-fat yogurt.

(A) substitute (B) classify

35 **last**

lasting a. 지속적인, 오래 남는

• (기능이) 지속되다

기출 **last** longer than those of competitors
경쟁사들의 제품보다 더 오래 지속되다

All electrical components in the running machine are guaranteed to ------- for at least three years.

(A) retain (B) last

36 **present**

• 제시하다, (선물, 상을) 받다

기출 **present** one's card at the main entrance
정문 입구에서 카드를 제시하다

be **presented** with an award
상을 받다

To gain access to the research laboratory, you must ------- your security pass to the guard at the entrance.

(A) place (B) present

37 **express**

expression n. 표현

• (감정을) 표현하다, 표하다

기출 **express** one's interest in
~에 대한 관심을 표현하다

express full support for
~에 대한 전폭적 지지를 표하다

Mr. Darling has ------- his support for the construction of a new manufacturing plant on the outskirts of Detroit.

(A) expressed (B) focused

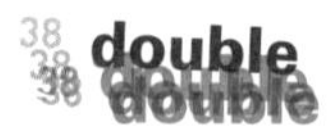

38 double

두 배가 되다

기출 have nearly **doubled** in the last decade

지난 10년간 거의 두 배가 되었다

After ProVision's new game consoles sold out in stores, the price of the product almost ------- in online markets.

(A) predicted (B) doubled

39 deliberate

deliberately ad. 신중하게

숙고하다, 신중히 생각하다

기출 **deliberated** for more than 6 hours before

~하기 전에 6시간 이상 숙고했다

Members of the judging panel ------- for two hours before announcing the winners of this year's UK Gymnastics Competition.

(A) deliberated (B) mediated

40 welcome

환영하다, 맞이하다

기출 **welcome** the new director

신임 이사를 환영하다

welcome tour groups on Saturdays

토요일마다 단체 견학을 맞이하다

The Franklin Science Museum ------- visitors seven days a week, from 10 AM to 8 PM.

(A) welcomes (B) introduces

DAILY QUIZ

단어와 그에 알맞은 뜻을 연결해 보세요.

1	inspect	(A)	승인하다, 제공하다
2	release	(B)	점검하다, 검토하다
3	grant	(C)	출시하다, 공개하다

빈칸에 알맞은 단어를 선택하세요.

4 ------- to open a factory in

~에 공장을 열 생각이다

5 ------- a variety of events

다양한 행사들을 특징으로 하다

6 ------- customer requests

고객 요청을 처리하다

(A) intend
(B) address
(C) delay
(D) feature

앞서 배운 단어들의 뜻을 생각하면서, 다음 문제를 풀어보세요.

7 Unless the event organizer can ------- an alternative venue, the Melody Music Festival may not be held this year.

(A) distribute
(B) select
(C) perform
(D) withdraw

8 Because Presidio Events Company ------- its rates, we were able to organize the fundraiser within our proposed budget.

(A) guarantees
(B) advises
(C) requires
(D) delays

정답 **1** (B) **2** (C) **3** (A) **4** (A) **5** (D) **6** (B) **7** (B) **8** (A)

1 **refund**

refundable a. 환불 가능한

• 환불해주다

기출 have all charges **refunded**
모든 요금을 환불 받다

The cost of Mr. Black's plane ticket was ------- to him as the flight was overbooked.

(A) changed (B) refunded

2 **charge**

• (요금을) 청구하다, 충전하다

기출 **charge** fees for all vehicles
모든 차량에 대해 요금을 청구하다

charge laptops and mobile phones
노트북과 휴대전화를 충전하다

The convention center ------- parking fees for all vehicles between the hours of 9 AM and 6 PM.

(A) charges (B) measures

3 **recruit**

recruiting n. 채용

• 채용하다

기출 **recruit** additional customer service representatives
추가 고객 서비스 직원들을 채용하다

To ensure that the store's grand opening is a success, we plan to ------- an experienced event organizer.

(A) recruit (B) complete

4 **display**

• 보여주다, 진열하다

기출 **display** a parking permit
주차 허가증을 보여주다

Vendors should noticeably ------- both their business name and their vending permit on their stall or booth.

(A) state (B) display

5 **exhibit**

exhibition n. 전시회

• 전시하다

기출 artists interested in **exhibiting** their work
자신들의 작품을 전시하는 데 관심이 있는 예술가들

Anyone interested in ------- their work at the Harmony Festival Gallery in the community center should contact Ms. Hughes.

(A) acquiring (B) exhibiting

만점 TIP

- exhibit은 명사로도 사용할 수 있지만, 명사의 의미일 때는 주로 exhibition으로 출제된다.

6 **issue**

• 발행하다, 발부하다

기출 **issue** building permits
건축 허가증을 발행하다

issue a summary with a list of recommendations
추천서 목록과 함께 요약본을 발부하다

Your membership card for Stanton Library has been ------- and should arrive within three days.

(A) included (B) issued

만점 TIP

- issue가 명사로 사용되는 경우, '(잡지의) 호' 또는 '(사회) 문제' 등 동사와는 전혀 다른 뜻으로 사용된다.

7 **gain**

• 얻다, 늘리다

기출 **gain** the necessary experience
필요한 경험을 얻다

gain 4,000 jobs in the technology industry
기술 업계에서 4,000개의 일자리를 늘리다

It has been shown that our seminars help entry-level employees to ------- confidence.

(A) complete (B) gain

8 **renovate**

renovation n. 개조, 보수

• 개조하다, 보수하다

기출 be fully **renovated** into a sports arena
스포츠 경기장으로 완전히 개조되다

renovate houses and flats
주택과 아파트를 보수하다

Known for its outstanding designs and reliable workforce, Garmond Interiors ------- both residential and business properties.

(A) insures (B) renovates

9 **find**

findings n. 발견물, 조사 결과

• 확인하다, 찾다

기출 **find** enclosed one's membership card
동봉된 회원 카드를 확인하다

find the way around the convention center
컨벤션 센터 주변의 길을 찾다

Please ------- enclosed a gift voucher that can be exchanged for a free dessert at any Roma Pasta location.

(A) look (B) find

10 allow

allowance n. 허용

- ~하게 해주다, 허용하다

기출 **allow** users to automate repetitive tasks
사용자들이 반복 업무를 자동화할 수 있게 해주다

allow customers to upgrade from A to B
고객들이 A에서 B로 업그레이드하게 허용하다

Mobile Mail ------- smartphone users to check up to ten different e-mail accounts using just one application.

(A) allows (B) accepts

11 proceed

- 진행하다, 나아가다

기출 if you would like to **proceed**
진행하고 싶으시다면

proceed with development
발전해 나가다

Although there have been some reports of minor faults, Henley Technologies will ------- with the release of its new line of refrigerators.

(A) proceed (B) treat

12 cancel

cancellation n. 취소

- 취소하다

기출 **cancel** one's subscription to
~의 정기구독을 취소하다

cancel one's conference call
전화회의를 취소하다

If you would like to ------- your membership at Sierra Gym, please e-mail our customer support team.

(A) cancel (B) offer

13 protect

protective a. 보호하는

● 보호하다

기출 **protect** the company's property
회사의 자산을 보호하다

protect your home
귀하의 자택을 보호하다

Carter Health Clinic requires all workers to sign an agreement in order to ------- the privacy of its patients.

(A) prevent (B) protect

14 remind

reminder n. 상기시키는 것

● 상기시키다

기출 I want to **remind** you that ~.
~라는 점을 상기시켜 드리고 싶습니다.

remind all visitors to be in the lobby
모든 방문객들이 로비에 있도록 상기시키다

To avoid any thefts or accidents, the apartment building manager ------- all tenants not to leave personal items in the corridors.

(A) reminded (B) memorized

15 explain

explanation n. 설명

● 설명하다

기출 **explain** our proposal to customers
고객들에게 우리의 제안을 설명하다

Ms. Evers will ------- the new shift scheduling procedure to the heads of each department.

(A) decide (B) explain

16 celebrate

celebratory a. 기념하는

● 기념하다

기출 **celebrate** the 20th anniversary of
~의 20주년을 기념하다

On July 29, Ms. Elba will ------- her twentieth anniversary as the CEO of Muntero Pharmaceuticals.

(A) join (B) celebrate

17 hesitate

hesitant a. 주저하는, 망설이는

hesitation n. 주저함, 망설임

● 주저하다, 망설이다

기출 Do not **hesitate** to contact me.
제게 연락하는 것을 주저하지 마십시오.

If you require assistance with setting up your device, please do not ------- to call our tech support team.

(A) hesitate (B) qualify

18 describe

description n. 묘사, 설명

● 묘사하다, 설명하다

기출 clearly **describe** the missing item
분실물을 명확하게 묘사하다

At the shareholder meeting, Mr. Peng ------- the company's goals and expansion plans for the coming year.

(A) described (B) persisted

19 depart

departure n. 출발

- 출발하다, 떠나다

기출 **depart** from each station every 10 minutes
매 10분마다 각 역을 출발하다

be scheduled to **depart** at 11:00 AM
오전 11시에 떠날 예정이다

A shuttle bus ------- every thirty minutes from the airport and stops at the Maxi Hotel and the Evercrest Inn.

(A) exports (B) departs

20 occupy

- (장소를) 사용하다, 점유하다

기출 **occupy** the top floor of the building
건물의 최고층을 사용하다

Based on the first draft of the blueprint, Arcadia Cinema will ------- the entire top floor of the shopping mall.

(A) sell (B) occupy

21 oversee

- 감독하다

기출 **oversee** all aspects of the remodeling project
리모델링 프로젝트의 모든 면을 감독하다

Mr. Rodrigo has been asked to ------- all aspects of the employee orientation program.

(A) contend (B) oversee

22 **enable**

● ~할 수 있게 하다

기출 **enable** people to be more efficient
사람들을 더 효율적이게 하다

The improved assembly line technology would ------- the manufacturing plant to triple its production rate.

(A) enable (B) prefer

23 **enroll**

enrollment n. 등록(자 수)

● 등록하다(in)

기출 **enroll** in the sales seminar
영업 세미나에 등록하다

All Minturn Inc. employees can ------- in the advanced sales workshop free of charge.

(A) enroll (B) apply

24 **add**

addition n. 추가
additional a. 추가의
additionally ad. 게다가

● 추가하다, (말을) 덧붙이다

기출 be **added** 추가되다
add that ~라고 덧붙이다

In her closing statement, the new CEO ------- that she is looking forward to taking on new challenges.

(A) provided (B) added

25 **relocate**

relocation n. 이전, 이사

● 이전하다, 이사하다

기출 **relocate** the plants' main base of operation
공장 운영의 주된 근거지를 이전하다

Mr. Houston outlined numerous benefits of ------- the company's headquarters to Des Moines.

(A) acquiring (B) relocating

26 restore

restoration n. 복구, 복원

● 복구하다, 복원하다

기출 **restore** the historic building to its former glory
역사적 건물을 이전의 영화로운 상태로 복구하다

be **restored** to its original style by the city
시에 의해 원래 양식으로 복원되다

A renowned architectural firm has been contracted to ------- the 150-year-old Richmond Theater to its original condition.

(A) restore (B) replace

27 mandate

● 의무화하다

기출 **mandate** all workers to wear hard hats
모든 근로자들이 안전모를 착용하는 것을 의무화하다

To reduce the risk of computer viruses, new policies ------- all workers to keep anti-virus software installed.

(A) organize (B) mandate

28 differ

different a. 다른
difference n. 차이

● 다르다

기출 **differ** based on the weekly promotion
주간 홍보에 따라 다르다

differ in their opinions of
~에 대한 의견이 다르다

Salaries will ------- based on expertise and experience.

(A) differ (B) calculate

29 **maintain**

maintenance n. 유지보수

● 유지하다

기출 **maintain** the current staffing level
현재 직원 수준을 유지하다

Pall Valley Beverages has ------- a strong customer base and plans to expand overseas next year.

(A) afforded (B) maintained

30 **possess**

possession n. 소유(물)

● 소유하다, 보유하다

기출 **possess** a valid driver's license
유효한 운전면허증을 소유하다

possess at least three years of experience
적어도 3년의 경력을 보유하다

Successful candidates should ------- at least four years of experience and expertise in human resources.

(A) occupy (B) possess

31 **preserve**

preservation n. 보존, 보호

● 보존하다, 보호하다

기출 **preserve** its original features
원래의 특성들을 보존하다

to **preserve** the historic city hall
역사적인 시청 건물을 보호하기 위해

The city council promised that the old theater will be ------- even though several adjacent buildings are scheduled for demolition.

(A) preserved (B) specialized

32 discontinue

discontinued a. 단종된

(서비스, 제품 생산을) 중단하다

기출 **discontinue** its operations
운영을 중단하다

Our model has been **discontinued**.
저희 모델은 생산이 중단되었습니다.

Apex Sportswear is downsizing and will be ------- its least popular ranges of clothing.

(A) unfolding (B) discontinuing

33 emphasize

emphasis n. 강조

강조하다

기출 **emphasize** the needs of
~의 필요를 강조하다

emphasize its fuel efficiency
연료 효율을 강조하다

The founder of the technology company has ------- the importance of providing excellent customer service.

(A) emphasized (B) demanded

34 analyze

analysis n. 분석

분석하다

기출 **analyze** all project details
모든 프로젝트 세부사항을 분석하다

analyze the consumer survey
소비자 설문조사를 분석하다

The mechanical problems should be further ------- before any work on the production line is resumed.

(A) conducted (B) analyzed

35 restrict

restriction n. 제한

제한하다

기출 **restrict** the availability of parking in the downtown area
시내 지역에서 주차장 이용을 제한하다

Parking is ------- on many of the streets surrounding Belmont Fire Station.

(A) restricted (B) enhanced

36 commend

칭찬하다, 추천하다

기출 be **commended** by one's supervisor for
~에 대해 상사에게 칭찬받다

be **commended** by local authorities for
지역 당국으로부터 ~에 대해 추천받다

Ms. Finnigan has been ------- by the city council for raising over ten thousand dollars for local charities.

(A) proposed (B) commended

37 endorse

endorsement n. 홍보, 지지

(유명인이 제품, 기업 등을) 홍보하다, 지지하다

기출 **endorse** eco-friendly transportation routes
친환경적인 교통 경로를 홍보하다

agree to **endorse** the new makeup line
새로운 메이크업 제품군을 홍보하는 것에 동의하다

Famous baseball player Johnny Redmond has agreed to ------- our sportswear.

(A) appeal (B) endorse

38 distinguish

● 구분 짓다, 구분하다

기출 **distinguish** oneself by -ing
~함으로써 자신을 구분 짓다

can be **distinguished** by their labels
그들의 상표로 구분될 수 있다

Our healthy food products can be easily ------- by their green "government-certified" labels.

(A) distinguished (B) corrected

39 evaluate

evaluation n. 평가(서)

● 평가하다

기출 **evaluate** Ms. Monroe as a candidate
먼로 씨를 후보자로서 평가하다

be **evaluated** quarterly
분기별로 평가되다

In order for us to ------- Mr. Kane as a potential collaborator, we asked him to submit a portfolio of his previous photography work.

(A) evaluate (B) persuade

40 refrain

● 삼가다, 자제하다

기출 **refrain** from talking to other people
다른 사람들에게 말하는 것을 삼가다

We ask that passengers ------- from leaving their seats while the plane is taking off.

(A) refrain (B) prohibit

DAILY QUIZ

단어와 그에 알맞은 뜻을 연결해 보세요.

1 relocate • • (A) 유지하다

2 maintain • • (B) 이전하다, 이사하다

3 restrict • • (C) 제한하다

빈칸에 알맞은 단어를 선택하세요.

4 ------- fees for all vehicles
모든 차량에 대해 요금을 청구하다

5 ------- one's subscription to
~의 정기구독을 취소하다

6 ------- in the sales seminar
영업 세미나에 등록하다

(A) cancel
(B) charge
(C) display
(D) enroll

앞서 배운 단어들의 뜻을 생각하면서, 다음 문제를 풀어보세요.

7 Ms. Crawford hired a highly regarded accountant to ------- all financial matters affecting her company.

(A) accumulate
(B) demand
(C) oversee
(D) participate

8 Tomorrow's seminar will help sales representatives ------- their ability to identify, approach, and engage with potential customers.

(A) succeed
(B) prefer
(C) announce
(D) evaluate

정답 1 (B) 2 (A) 3 (C) 4 (B) 5 (A) 6 (D) 7 (C) 8 (D)

Day 04 동사 + 전치사 콜로케이션 Part 5, 6

MP3 바로듣기

강의 바로보기

1 **evolve from**

~로부터 진화하다, 발전하다

기출 **evolve from** a mobile app developer
모바일 어플 개발회사로부터 진화하다

Over the past few years, the Redhill neighborhood has ------- from a quiet residential district into a popular shopping area.

(A) evolved (B) elaborated

2 **respond to**

~에 응답하다

기출 **respond to** rising demand
증가하는 수요에 응답하다

respond to reporters' questions
기자들의 질문에 응답하다

At tenant association meetings, the organization's president often ------- to members' questions about rental rates.

(A) applies (B) responds

3 **look for**

~을 찾다

기출 **look for** a new shipping company
새로운 운송 회사를 찾다

look for ways to reduce greenhouse gas emissions
온실가스 배출을 줄이기 위한 방법들을 찾다

The COO of Guelph Manufacturing is ------- for ways to make the production process more efficient.

(A) looking (B) seeing

4 **reply to**

● ~에 답장하다

기출 Please **reply to** this e-mail by Friday.
금요일까지 이 이메일에 답장해주십시오.

Please **reply to** this letter at your convenience.
편하실 때 이 편지에 답장해주십시오.

Please ------- to this text message if you wish to change your appointment time for the dental surgery.

(A) confirm (B) reply

5 **register for**

● ~에 등록하다

기출 **register for** the guided tour
가이드 투어에 등록하다

register for the conference
컨퍼런스에 등록하다

If no one ------- for the workshop, it will be canceled without prior notice.

(A) registers (B) approves

6 **participate in**

● ~에 참가하다

기출 **participate in** all the activities
모든 활동에 참가하다

participate in the upcoming seminar
곧 있을 세미나에 참가하다

Local residents who wish to ------- in the upcoming town forum should register on the city council Web site.

(A) participate (B) attend

7 **expand into**

• ~으로 확장하다

기출 **expand into** the Wellington region
웰링턴 지역으로 확장하다

consider **expanding into** overseas markets
해외 시장으로 확장하는 것을 고려하다

British sportswear company Salway Inc. announced in a press release that it is planning to expand ------- North America.

(A) into (B) around

8 **result in**

• ~라는 결과를 낳다, (결과적으로) ~을 야기하다

기출 **result in** a higher-quality product
더 높은 품질의 상품이라는 결과를 낳다

result in a 30 percent increase
30퍼센트 증가를 야기하다

The more cost-effective product packaging will ------- in reduced product prices.

(A) result (B) complete

9 **focus on**

• ~에 주력하다, 초점을 맞추다

기출 **focus on** our most recent policy updates
가장 최근의 정책 업데이트에 주력하다

focus on serving small businesses
소규모 업체들에게 서비스를 제공하는 데 초점을 맞추다

The seminar ------- on building strong work relationships between employees and customers.

(A) cooperates (B) focuses

10 enroll in

~에 등록하다

기출 **enroll in** the technology courses
기술 강좌에 등록하다

enroll in the employee mentoring program
직원 멘토링 프로그램에 등록하다

Management requires all workers who have not attained the Level 1 safety certificate to ------- in the health and safety workshop.

(A) enroll (B) attend

11 refer to

~을 참조하다

기출 **refer to** the fourth page of the agreement
계약서의 네 번째 페이지를 참조하다

Please **refer to** your employee guide.
귀하의 직원 안내서를 참조하십시오.

For a list of licensed Mago Software vendors, please ------- to Page 10 of the user manual.

(A) refer (B) adapt

12 appear on

~에 나타나다, 나오다

기출 **appear on** the billing statement
청구서에 나타나다

appear on a special broadcast
특별 방송에 나오다

Sam Singh, the founder of the social media platform, ------- on a two-hour episode of Joe Fagan's popular podcast.

(A) appeared (B) seemed

13 consult with

~와 협의하다, 의논하다

기출 **consult with** Mr. Bingham 빙햄 씨와 협의하다
consult with an engineer 기술자와 의논하다

If you need to ------- with Mr. Kitson, please make an appointment with his personal assistant.

(A) arrange (B) consult

14 come with

~이 딸려 오다

기출 **come with** a standard one-year warranty
표준 1년 보증서가 딸려 오다

Each Lumos flashlight ------- with a 2-year warranty covering any manufacturer defects.

(A) includes (B) comes

15 emerge as

~로 떠오르다, 등장하다

기출 **emerge as** one of the most famous stars
가장 유명한 스타들 중 한 명으로 떠오르다

Fiona Middleton has ------- as the most likely candidate to take over for Mr. Stillman as CEO.

(A) appointed (B) emerged

16 merge with

~와 합병하다, 합치다

기출 will **merge with** another software company
또 다른 소프트웨어 회사와 합병할 것이다

Corsair Courier Services will ------- with Reliant Shipping early next year.

(A) attract (B) merge

17 comply with

~을 지키다, 따르다

기출 **comply with** the firm's new policy
회사의 새로운 정책을 지키다

comply with safety regulations
안전 규정을 따르다

All appliances in our kitchens must ------- with the common safety standards of the restaurant industry.

(A) associate (B) comply

18 consist of

~으로 구성되다

기출 **consist of** community leaders
지역사회 지도자들로 구성되다

consist of paintings and sculptures
그림과 조각품들로 구성되다

Halo Charitable Foundation ------- of more than 25,000 members based all over the world.

(A) spreads (B) consists

19 coincide with

~와 겹치다, 일치하다

기출 will **coincide with** the summer holidays
여름 휴가와 겹칠 것이다

coincide with Ms. Emily's business trip
에밀리 씨의 출장 일자와 일치하다

The launch of Sunsport's new range of T-shirts and swimwear will ------- with the summer holidays.

(A) produce (B) coincide

20 **conform to**

- ~에 따르다, 순응하다

기출 **conform to** company standards
회사 기준에 따르다

Please ensure that your article's length and format ------- to the guidelines in the writing manual.

(A) conform (B) attach

21 **communicate with**

- ~와 (의사)소통하다

기출 **communicate with** family
가족과 소통하다

communicate with other bidders
다른 입찰자들과 소통하다

Mobile messaging applications enable users to ------- easily with family and friends.

(A) communicate (B) state

22 **concentrate on**

- ~에 집중하다

기출 **concentrate on** the importance of customer service
고객 서비스의 중요성에 집중하다

The documentary will ------- on uncovering the reasons why the technology corporation went bankrupt.

(A) concentrate (B) study

23 **proceed with**

~을 진행하다, 계속하다

기출 **proceed with** development
개발을 진행하다

will **proceed with** negotiations cautiously
신중하게 협상을 계속할 것이다

Although several faults were noted during the testing phase, it is crucial for us to ------- with the product launch schedule.

(A) proceed (B) treat

24 **revert to**

~로 되돌아가다

기출 **revert to** their original systems
원래 시스템으로 되돌아가다

After keeping the clothing store open until 7 PM for a few weeks, the owner decided to ------- to the original business hours.

(A) recover (B) revert

25 **collaborate with**

~와 협동하다, 협력하다

기출 **collaborate with** each other
서로 협동하다

collaborate with marketing specialists
마케팅 전문가와 협력하다

The director of the movie ------- with Dr. Marjorie Irvine to ensure that all medical scenes were portrayed accurately.

(A) provided (B) collaborated

26 specialize in

~을 전문으로 하다

기출 **specialize in** machinery manufacturing
기계 제작을 전문으로 하다

specialize in the beverage industry
음료 산업을 전문으로 하다

Attica Prints, one of the newest stores in Ascot Shopping Mall, ------- in converting photographs into posters or printed canvases.

(A) specializes (B) identifies

27 compete against

~와 경쟁하다

기출 **compete against** other construction firms
다른 건축 회사들과 경쟁하다

Before he can progress to the interview stage for the position, Mr. Raglan must first ------- against several other experienced applicants.

(A) compete (B) associate

28 lead to

~로 이어지다

기출 **lead to** an increase in parking fees
주차 요금에서의 증가로 이어지다

lead to a permanent position
정규직으로 이어지다

The Mayor of Corben has insisted that hosting the music festival will not ------- to an increase in litter.

(A) lead (B) intend

29 look into

- ~을 조사하다, 주의깊게 살피다

기출 promise to **look into** the matter
그 사안을 조사하기로 약속하다

Mr. Holden believes that the accounting department should ------- hiring an additional intern.

(A) use up (B) look into

30 refrain from

- ~을 자제하다, 삼가다

기출 **refrain from** talking to the people
사람들에게 이야기하는 것을 자제하다

refrain from using mobile devices
휴대기기를 사용하는 것을 삼가다

Please ------- from feeding the animals when visiting Oakview City Farm.

(A) refrain (B) differ

31 work on

- ~에 대해 작업하다, ~로 일하다

기출 **work on** the Cambridge bridge
캠브리지 다리에 대해 작업하다

work on the rotating shifts
교대 근무로 일하다

Staff members at Kathy's 24-Hour Diner ------- on rotating shifts and receive bonus pay between 10 PM and 6 AM.

(A) work (B) employ

32 adhere to

• ~을 고수하다, ~에 (들러)붙다

기출 **adhere to** the regulations stated in the manual
안내서에 명시된 규정을 고수하다

adhere to the surface made of other materials
다른 재질로 만들어진 표면에 붙다

Press the suction cup of the camera firmly against the glass to ensure that it ------- to the vehicle's windshield.

(A) adheres (B) polishes

33 meet with

• ~와 만나다

기출 **meet with** clients who have appointments
약속을 한 고객들과 만나다

meet with supervisors frequently
상사들과 자주 만나다

Ms. Lawson usually ------- only with clients based in the local area, but she has agreed to travel to Los Angeles to speak with Mr. Jenner.

(A) fits (B) meets

34 depart from

• ~에서 출발하다, 떠나다

기출 will **depart from** gate 47
47번 게이트에서 출발할 것이다

Before ------- from the baseball stadium, kindly place your trash in the bins provided.

(A) departing (B) surrounding

35 rely on

~에 의존하다

기출 **rely on** outside consultants
외부 상담가들에 의존하다

rely on online product ratings
온라인 상품 평가에 의존하다

The launch of Mr. Anderson's new company will ------- on the financial backing of several investors.

(A) interfere (B) rely

36 search for

~을 찾다

기출 **search for** qualified candidates
자격을 갖춘 지원자들을 찾다

search for specific phrases in an article
한 기사에서 특정 문구들을 찾다

The Bedford Times has hired a recruitment firm to ------- for skilled college graduates seeking a career in journalism.

(A) search (B) replace

37 benefit from

~에서 이익을 얻다

기출 **benefit from** the increasing competition
증가하는 경쟁에서 이익을 얻다

benefit from the new data analysis program
새로운 데이터 분석 프로그램에서 이익을 얻다

Rosalita Coffee Shop ------- from its close proximity to Adelaide University.

(A) explores (B) benefits

38 serve as

- ~로서 근무하다

기출 **serve as** the temporary replacement
임시 후임으로서 근무하다

be appointed to **serve as** the director
이사로서 근무하도록 임명되다

Andy Chen has been asked to ------- as the temporary branch manager while Ms. Pettigrew is on maternity leave.

(A) recognize (B) serve

39 appeal to

- ~에게 호소하다, 매력적으로 다가가다

기출 **appeal to** readers under the age of 19
19세 미만의 독자들에게 호소하다

appeal to different types of customers
다른 유형의 고객들에게 매력적으로 다가가다

Lilypad Bistro has introduced a selection of vegetarian dishes to ------- an even broader customer base.

(A) call out (B) appeal to

40 invest in

- ~에 투자하다

기출 **invest in** renewable energy
재생 에너지에 투자하다

invest in areas of promising research
전망이 있는 연구 분야에 투자하다

After consulting with his financial advisor, Mr. Hartmann decided to invest ------- a promising new technology company.

(A) about (B) in

DAILY QUIZ

콜로케이션과 그에 알맞은 뜻을 연결해 보세요.

1	consist of •	• (A)	~에 집중하다
2	concentrate on •	• (B)	~을 전문으로 하다
3	specialize in •	• (C)	~으로 구성되다

빈칸에 알맞은 단어를 선택하세요.

(A) comply (B) enroll (C) reply (D) adhere

4 Please ------- to this e-mail by Friday.

금요일까지 이 이메일에 답장해주십시오.

5 ------- in the technology courses

기술 강좌에 등록하다

6 ------- with the firm's new policy

회사의 새로운 정책을 지키다

앞서 배운 콜로케이션들의 뜻을 생각하면서, 다음 문제를 풀어보세요.

7 The Mayfair Walnut Wardrobe does not come pre-assembled, so please ------- to the assembly instructions included.

(A) refer (B) adapt
(C) present (D) follow

8 The last ferry to Skinner Island will ------- from the harbor at 4 in the afternoon.

(A) welcome (B) depart
(C) withdraw (D) attend

정답 **1** (C) **2** (A) **3** (B) **4** (C) **5** (B) **6** (A) **7** (A) **8** (B)

Day 05 기출 동의어 ④ Part 7

MP3 바로듣기

강의 바로보기

1 **depress**

❶ 떨어뜨리다, 하락시키다
→ **reduce, lower**

❷ 우울하게 하다
→ **make unhappy, sadden**

The announcement of a new technology upgrade would **depress** sales of the current model as customers wait for the improved version.

(A) reduce (B) sadden

소비자들이 개선된 버전을 기다리기 때문에 새로운 기술 업그레이드 소식은 현재 모델의 매출을 떨어뜨릴 것입니다.

2 **illustrate**

❶ 삽화를 쓰다
→ **add pictures, decorate**

❷ 분명히 보여주다
→ **represent, show, demonstrate**

Please write a short response about a time you faced a challenge and how you overcame it. Do your best to use an example that **illustrates** your character.

(A) decorates (B) represents

당신이 어려움을 직면했던 때와, 어떻게 그것을 극복했는지에 관해 짧은 답변을 작성해 주세요. 당신의 성격을 분명히 보여주는 예시를 사용할 수 있도록 최선을 다해 주시기 바랍니다.

3 **serious**

❶ 심각한
→ **severe, critical**

❷ 진심인, 진지한
→ **earnest**

The law firm is known for providing exceptional legal services, staffed by a team of **serious** and highly qualified attorneys.

(A) severe (B) earnest

그 법률 회사는 진지하고 우수한 자격을 갖춘 변호사 팀을 갖추고 있어, 탁월한 법률 서비스를 제공하는 것으로 알려져 있습니다.

4 **hit**

❶ 타격
→ **impact**

❷ 성공
→ **success**

Immediately after its release, Murphy Band's debut song was a **hit** and reached the number one spot on various music charts.

(A) impact (B) success

발매와 동시에, 머피 밴드의 데뷔곡은 성공했고, 다수의 음악 차트에서 1위 자리에 이르렀습니다.

5 **practice**

❶ 관행
→ **regular action, custom, habit**

❷ 훈련, 연습
→ **training, exercise**

❸ (의료, 법률 등의) 직업 활동
→ **professional business**

In today's market, offering personalized shopping recommendations based on customer browsing history has become a common **practice** among e-commerce companies.

(A) regular action (B) training

오늘날의 시장에서는, 고객 검색 기록에 근거한 개인화된 쇼핑 추천을 제공하는 것이 전자 상거래 회사들 사이에서 흔한 관행이 되었습니다.

6 **commitment**

❶ 헌신, 전념
→ **dedication, devotion**

❷ 책임, 책무
→ **responsibility, duty**

We have taken various initiatives to demonstrate our **commitment** to environmentally friendly practices, such as reducing single-use plastic consumption and participating in community clean-up events.

(A) dedication (B) responsibility

저희는 친환경적 관행에 대한 헌신을 증명하기 위해 일회용 플라스틱 소비 줄이기와 지역사회 환경미화 행사에 참여하기와 같이 다양한 계획을 실행했습니다.

7 **saturate**

❶ 흠뻑 적시다
→ **soak**

❷ 포화 상태로 만들다
→ **fill, oversupply**

When applying the cleaning solution, ensure that the fabric is not completely **saturated** to prevent potential damage.

(A) soaked (B) filled

세척액을 바를 때는, 손상 가능성을 방지하기 위해 천이 완전히 흠뻑 젖지 않도록 유의해야 합니다.

8 **impression**

❶ 인상, 느낌
→ **idea**

❷ 눌렀을 때 나는 자국
→ **mark**

I get the **impression** that the clients from Pronto Motors were expecting a more original concept for their commercial.

(A) idea (B) mark

저는 프론토 모터스 측의 고객들이 그들의 광고에 대해 더 창의적인 컨셉을 기대하고 있었다는 인상을 받았습니다.

9 **spot**

❶ 얼룩, 반점
→ **mark, dot**

❷ 장소, 자리, 곳
→ **place**

With its breathtaking views and tranquil surroundings, it's hard to find a better **spot** for a relaxing weekend getaway.

(A) dot (B) place

숨이 막히도록 아름다운 경치와 고요한 주변환경이 있어서, 편안한 주말 휴가를 보내기에 더 나은 장소를 찾기는 어렵습니다.

10 **beyond**

❶ ~보다 뛰어난
→ **superior to**

❷ (범위·한도) ~을 넘어, ~할 수 없는
→ **outside the reach of**

The extent of the water damage was so severe that your phone was **beyond** repair.

(A) superior to (B) outside the reach of

침수 피해의 정도가 너무 심각해서 귀하의 휴대폰은 수리할 수 없었습니다.

11 **roll out**

❶ 출시하다, 내놓다
➜ **introduce**

❷ 펼치다
➜ **spread**, **flatten**

The company plans to **roll out** an entirely new model of the vehicle by the end of next year.

(A) introduce (B) spread

그 회사는 내년 말까지 완전히 새로운 차량 모델을 출시할 계획입니다.

12 **consider**

❶ 고려하다, 생각하다
➜ **think about**

❷ ~라고 여기다
➜ **regard**, **view**

If you enjoyed your dining experience with us, please **consider** writing a review to share your feedback with others.

(A) think about (B) regard

저희와의 식사 경험에 만족하셨다면, 귀하의 의견을 다른 사람들과 나눌 수 있도록 후기를 작성하는 것을 고려해 주세요.

13 **establish**

❶ 설립하다
➜ **found**

❷ 입증하다
➜ **prove**, **confirm**

Our company was **established** in 1921, with just a team of three engineers, one designer, and one business manager.

(A) founded (B) proved

저희 회사는 1921년에 설립되었으며, 엔지니어 세 명, 디자이너 한 명, 그리고 영업 부장 한 명으로 이루어진 단 한 개의 팀으로 되어 있습니다.

14 **retain**

❶ 유지하다, 보유하다
➜ **keep**

❷ 기억하다
➜ **remember**

Our flasks include a special coating that helps **retain** the temperature of your beverage, hot or cold.

(A) keep (B) remember

저희 물병 제품들은 따뜻하거나 차가운 음료의 온도를 유지하는 데 도움을 주는 특별한 코팅을 포함하고 있습니다.

15 welcome

❶ 환영하다, 맞이하다
➜ **greet**

❷ 기꺼이 받아들이다
➜ **accept**

As a non-profit organization, we rely on the generosity of individuals like you, and we **welcome** donations to continue our important work.

(A) greet (B) accept

비영리 단체로서, 저희는 귀하와 같은 개인들의 관대함이 필요하며, 중요한 일을 계속할 수 있는 기부도 기꺼이 받습니다.

16 boom

❶ 쿵 하는 소리
➜ **a loud sound, thunder**

❷ 호황, 갑작스런 인기
➜ **growth, increase**

The town's economic **boom** continues, creating new jobs and boosting local markets.

(A) sound (B) growth

마을의 경제 호황이 계속되어, 새로운 일자리를 창출하고 지역 시장을 활성화하고 있습니다.

17 point

❶ 요점
➜ **main idea**

❷ 의도, 의미
➜ **purpose**

❸ 요소, 항목, 세부
➜ **detail**

❹ 시점
➜ **moment**

❺ 특정 장소
➜ **place**

As you know, our city is best known for having many ports that act as convenient **points** of arrival and departure for fishermen.

(A) purposes (B) places

여러분도 아시다시피, 우리 도시는 어부들에게 도착과 출발이 편리한 장소의 역할을 하는 항구들이 많은 것으로 잘 알려져 있습니다.

18 **pass**

❶ 지나가다, 이동하다
→ **go, proceed**

❷ 시간이 흐르다
→ **elapse**

❸ 건네다
→ **hand, give**

Several months need to **pass** before we can renew our construction permit again.

(A) give (B) elapse

여러 달이 지나야 건설 허가증을 다시 갱신할 수 있습니다.

19 **address**

❶ 응대하다, 해결하다
→ **respond to**

❷ 연설하다, 말하다
→ **talk to, give a speech to**

❸ 보내다, 전달하다
→ **send, direct**

Action Telecom is striving to improve service by actively **addressing** customers' concerns.

(A) responding to (B) sending

액션 텔레콤은 고객들의 우려를 적극적으로 해결함으로써 서비스를 개선하고자 노력하고 있습니다.

20 **project**

❶ 계획하다, 기획하다
→ **plan**

❷ 예상하다, 추정하다
→ **calculate, estimate**

❸ (빛이나 소리를) 전달하다
→ **transmit**

Our high-end audio system allows for actors' voices to be **projected** clearly to all members of the audience, regardless of where their seat is located in the theater.

(A) planned (B) transmitted

저희의 고급 오디오 시스템은 관객들의 자리가 극장 어디에 있든지 관계없이, 배우의 목소리가 모든 관객들에게 또렷하게 전달될 수 있게 합니다.

21 **original**

❶ 원래의, 처음의

➜ **initial**

❷ 독특한, 창의적인

➜ **unique, creative**

Please make sure to return the product in its **original** packaging to ensure a smooth return process.

(A) initial (B) creative

원활한 반환 과정이 될 수 있도록 제품을 원래의 포장에 반납해 주시기 바랍니다.

22 **gain**

❶ 얻다, 획득하다

➜ **obtain**

❷ 늘리다, 늘다

➜ **increase**

The access card provided can be used to **gain** entry to the building during non-business hours.

(A) obtain (B) increase

제공된 출입 카드는 영업시간 외의 시간에 건물 출입 권한을 얻는 데 사용될 수 있습니다.

23 **facility**

❶ 시설

➜ **establishment**

❷ 능력

➜ **capacity**

Most of the first day of training will be spent touring the manufacturing **facility** and the surrounding grounds.

(A) establishment (B) capacity

교육 첫날의 대부분은 제조 시설과 주변 장소들을 견학하는 데 사용될 것입니다.

24 **design**

❶ 만들다, 고안하다

➜ **create**

❷ 도안을 그리다

➜ **draw, sketch**

The conference will feature a keynote speaker who will discuss how to **design** challenging and effective classes that cater to diverse learning styles.

(A) create (B) draw

그 컨퍼런스는 다양한 학습 유형에 맞는, 도전적이고 효과적인 수업을 고안하는 방법에 관해 이야기할 기조 연설자를 특별히 포함할 것입니다.

25 opening

❶ 개장, 개점
→ **launch**

❷ 공석
→ **vacancy**

The mayor attended the ribbon-cutting ceremony to celebrate the **opening** of a new French restaurant, highlighting the city's growing culinary diversity.

(A) launch (B) vacancy

그 시장은 새로운 프랑스 레스토랑의 개업을 축하하기 위한 리본 커팅식에 참석하여 도시의 점점 커지고 있는 요리의 다양성을 강조했습니다.

26 fine

❶ 숙련된, 솜씨 좋은
→ **skillful**

❷ 기분 좋은, 컨디션이 좋은
→ **agreeable**

Our master crafters do exceptionally **fine** work, creating furniture pieces that blend artistry and functionality.

(A) skillful (B) agreeable

저희의 장인들은 대단히 솜씨 좋은 작업을 수행하여, 예술성과 기능성이 조화를 이루는 가구 작품을 만듭니다.

27 standing

❶ 지위, 위치, 평판
→ **status**

❷ 지속 기간
→ **duration**

The addition of new luxury resorts and a diverse range of recreational activities will further strengthen its **standing** as a growing vacation destination.

(A) status (B) duration

새로운 호화 리조트들과 다양한 범위의 여가 활동이 추가로 생겨나서, 떠오르는 휴가지로서의 그곳의 평판이 더욱 강화될 것입니다.

28 pick up

❶ 가져가다
→ **get**, **collect**, **obtain**

❷ 들어올리다, 줍다
→ **lift**

❸ 회복되다, 개선되다
→ **recover**

Kline Pharmacy sends its customers a text message when their prescriptions are ready to be **picked up**.

(A) obtained (B) recovered

클라인 약국은 고객들의 처방된 약이 가져갈 수 있도록 준비되면 그들에게 문자 메시지를 발송합니다.

29 **temper**

❶ 완화시키다
→ **moderate**

❷ 단련시키다, 강하게 하다
→ **harden, strengthen**

Applying sunscreen daily can **temper** the effects of sun exposure, reducing the risk of skin damage.

(A) moderate (B) strengthen

자외선 차단제를 매일 바르면 햇빛 노출로 인한 영향을 완화하여 피부 손상의 위험을 줄일 수 있습니다.

30 **work out**

❶ 운동하다
→ **exercise**

❷ 해결하다
→ **resolve**

We need to schedule a meeting to **work out** the details of the upcoming project launch.

(A) exercise (B) resolve

다가오는 프로젝트 출시의 세부사항을 해결할 수 있도록 회의 일정을 정해야 합니다.

DAILY QUIZ

밑줄 친 단어와 가장 가까운 의미를 지닌 것을 고르세요.

1

Many companies are now adopting environmentally friendly **practices**, such as implementing energy-efficient technologies, reducing single-use plastics, and incorporating recycling programs into their operations.

(A) exercises (B) regular actions
(C) preparations (D) professions

2

Rest assured, our customer support team will **address** your concerns about the recent service disruption and work to provide a swift resolution to minimize any inconveniences.

(A) supervise (B) respond to
(C) send (D) talk to

3

The company plans to **roll out** its new line of smartphones next month, generating anticipation among tech enthusiasts eager to experience the latest advancements in mobile technology.

(A) spread (B) remove
(C) draw (D) introduce

정답 1 (B) 2 (B) 3 (D)

/ Week /
04 실전 TEST

MP3 바로듣기

강의 바로보기

LISTENING

• Part 2

1. Mark your answer. (A) (B) (C)

2. Mark your answer. (A) (B) (C)

3. Mark your answer. (A) (B) (C)

4. Mark your answer. (A) (B) (C)

5. Mark your answer. (A) (B) (C)

6. Mark your answer. (A) (B) (C)

7. Mark your answer. (A) (B) (C)

8. Mark your answer. (A) (B) (C)

9. Mark your answer. (A) (B) (C)

10. Mark your answer. (A) (B) (C)

READING

Part 5

11. Midlands Bank hopes to ------- an experienced Web designer for its online banking team.

(A) plan
(B) enter
(C) hire
(D) lead

12. For specific details about the upcoming company trip, please ------- Mr. Langmore in the administration office.

(A) appeal
(B) identify
(C) contact
(D) register

13. Riverside Department Store customers who want to ------- their purchase for another item must present a valid receipt.

(A) exchange
(B) design
(C) wear
(D) display

14. In order to meet demand over the holiday season, Heron Department Store will need to ------- additional sales assistants.

(A) apply
(B) conclude
(C) recruit
(D) perform

15. The marketing materials for the new Holbrook Group hotel ------- its affordability and convenient location.

(A) position
(B) emphasize
(C) influence
(D) accessorize

16. Mayford Energy Inc. is currently seeking a marketing consultant to ------- consumer survey results.

(A) decline
(B) analyze
(C) advise
(D) conduct

17. All Zazzo Electronics appliances ------- with a 2-year warranty covering repairs and replacements for all parts.

(A) come
(B) produce
(C) change
(D) hold

18. Wonderworld Theme Park visitors are reminded to ------- from using mobile phones while enjoying the park's rides.

(A) refrain
(B) forbid
(C) retreat
(D) hesitate

• Part 6

Questions 19-22 refer to the following excerpt from a brochure.

Animal Defense Foundation

The goal of the Animal Defense Foundation is to ensure that no local wildlife is wrongfully harmed through illegal hunting. We **19.** ------- patrol the woodland areas and streams in Berkshire County. **20.** -------. We then report their presence to the local authorities.

21. ------- a locally founded group, the Animal Defense Foundation depends on the assistance of local residents. We need your support to **22.** ------- our local wildlife. If you believe that illegal hunting may be occurring in your area, please contact us at 555-3878.

19. (A) continue
(B) continuous
(C) continued
(D) continuously

20. (A) A water conservation law has been passed recently.
(B) Finally, we offer environmental education opportunities.
(C) This enables us to stop hunters from entering the area.
(D) Our organization is dedicated to public health in the region.

21. (A) As
(B) At
(C) Through
(D) Including

22. (A) control
(B) protect
(C) obtain
(D) deliver

Part 7

Questions 23-24 refer to the following e-mail.

To: Paul Sullivan <psullivan@htchemicals.com>
From: Ernie Hobbs <ehobbs@htchemicals.com>
Subject: **RE**: Lost key
Date: April 23

Hi Paul,

I am sorry that you are having such trouble getting supplies. I always have a key, since I have the master key to all the rooms and offices in our building. I have now placed a back-up key in the drawer of the receptionist's desk, so your assistant can pick up anything she needs at any time today.

We lock the supply room mainly because the late-night janitorial service staff had been taking things, not employees. I did not realize that locking the room would cause a problem for people in the course of their job.

Would you like me to get a copy of the key made for each manager so that they can take care of their own needs? Or perhaps I should open the room each morning and lock it up again at the end of the day, keeping it open all day.

Regards,

Ernie

23. How has Ernie solved the problem?

(A) He gave each supervisor a key.
(B) He found a new janitorial service.
(C) He personally distributed supplies.
(D) He put a key in the receptionist's desk.

24. The word "pick up" in paragraph 1, line 4, is closest in meaning to

(A) meet
(B) harvest
(C) get
(D) deliver

정답 및 해설 p.79

Week 04
정답 및 해설

Day 01 LC가 잘 들리는 어휘 ②

DAILY QUIZ

7. Why did Ms. Jones miss the meeting?
(A) It'll be held in conference room B.
(B) Because she got stuck in traffic.
(C) 20 copies for the meeting.

존스 씨는 왜 회의에 못 왔나요?
(A) B 회의실에서 열릴 예정입니다.
(B) 교통 체증에 꼼짝 못했기 때문이에요.
(C) 회의 자료 20부입니다.

어휘 miss ~을 놓치다, ~에 참석하지 못하다
be stuck in traffic 교통 체증에 갇히다
copy 사본

8. Why don't you take a vacation?
(A) It takes 8 hours by flight.
(B) To a beach resort.
(C) I'm in the middle of a big project right now.

휴가를 떠나시는 게 어때요?
(A) 비행기로 8시간 걸려요.
(B) 해변가 리조트로요.
(C) 제가 지금 중요한 프로젝트를 하는 중이에요.

어휘 in the middle of ~하는 중인

Day 02 동사 ③

표제어 문제 정답 및 해석

1. (A)	**2.** (A)	**3.** (B)	**4.** (A)	**5.** (A)
6. (B)	**7.** (B)	**8.** (A)	**9.** (B)	**10.** (A)
11. (B)	**12.** (A)	**13.** (A)	**14.** (B)	**15.** (A)
16. (A)	**17.** (A)	**18.** (A)	**19.** (B)	**20.** (B)
21. (B)	**22.** (A)	**23.** (B)	**24.** (A)	**25.** (A)
26. (A)	**27.** (A)	**28.** (B)	**29.** (A)	**30.** (A)
31. (A)	**32.** (B)	**33.** (B)	**34.** (A)	**35.** (B)
36. (B)	**37.** (A)	**38.** (B)	**39.** (A)	**40.** (A)

1. 조립 라인 관리자들은 제품들이 품질 기준을 충족하는 것을 확실히 하기 위해 그것들을 자주 점검한다.

2. 새로운 서비스에 대한 모든 문의는 저희 고객 서비스 직원들에 의해 신속하게 처리되고 있습니다.

3. 손목시계에 대한 줄어든 수요의 결과로, 프레스티지 사는 작년에 자사 최저 매출액을 기록했다.

4. 험블 인더스트리스 사는 내년에 자사의 넥서스 전자레인지 제품군의 생산을 중단할 예정이라고 보고했다.

5. 하마토 씨는 제7차 연례 건축 총회에서 올해의 건축가상을 받는 것으로 선정되었다.

6. 그라인드 사이클 사는 포장에서 자전거 부품을 꺼낼 때, 제공된 제품 목록을 확인할 것을 권고한다.

7. 인사부가 취업박람회의 모든 발표자들에게 개인의 이름이 보이는 명찰을 제공할 것입니다.

8. 닐스 정비소에서는 보통 2주 이내에 파손된 차량들을 완전히 수리한다.

9. 론슨 디지털 사의 최신 노트북 출시가 자사 공장의 광범위한 침수로 인해 연기되었다.

10. 올해의 햄튼 영화제는 지역 독립 영화 제작자들이 만든 여러 영화들을 특별히 포함할 것이다.

11. 지역 주민들의 불만사항을 다루기 위해, 시 의회는 다음 달에 공청회를 개최할 것이다.

12. 스핑크스 주식회사는 자사의 홍보 자료를 개선하기 위해 새로운 그래픽 디자이너를 채용하기를 원한다.

13. 해이스팅 주식회사는 자사의 새로운 태블릿 컴퓨터 제품군으로 유럽 시장에 접근하기를 희망한다.

14. 눈보라가 지나가는 대로 라일리 철도의 정상적인 기차 운행 서비스가 재개될 것이다.

15. 아틀레티코 사는 모든 주요 운동복 매장에서 새로운 러닝화 제품군을 곧 출시할 것이다.

16. 악천후는 도시의 30퍼센트 도처에 걸쳐 전력 중단을 야기했다.

17. 귀하의 배송 정보를 입력함으로써, 콜스틴 딜리버리 사가 귀하의 주문품을 배송하는 데 걸리는 시간을 추정하실 수 있습니다.

18. 객실을 예약하시거나 저희 숙박시설에 대해 더 많은 정보를 알아보시기 위해 웹 사이트를 방문하십시오.

19. 코놀리 씨는 8월에 카디프 지사에서 뉴포트 지사로 전근할 것이다.

20. 총 씨와 그의 팀은 시장 연구 데이터의 광범위한 분석을 실시할 것이다.

21. 그 세미나는 모든 종류의 사업에 적용될 수 있는 경영 기술을 개발하는 것에 초점을 맞춘다.

22. 마케팅 워크숍에 귀하의 자리를 보장하기 위해, 4월 12일까지 온라인으로 등록하셔야 합니다.

23. 이 상품권은 소지자가 모든 조커 레스토랑에서 식사를 할 때와 동일한 가격의 추가 식사를 제공합니다.

24. 연차를 신청하고 싶으시다면, 내선번호 102번으로 인사부에 연락하시길 바랍니다.

25. 사이드 요리를 다른 것으로 교환하고 싶은 식사 손님들은 종업원에게 말해야 합니다.

26. 자사의 새로운 휴대폰을 성공작으로 확실히 만들기 위해, 스와이프 전자는 세계적인 마케팅 캠페인을 개시할 것이다.

27. 우리 회사의 따뜻한 음료 종류에 대한 수요는 보통 여름철에는 하락하지만, 10월을 시작으로 다시 회복한다.

28. 대표이사는 이번 주 이사회 회의에서 회사의 지속적인 성장을 위한 그의 계획을 공유할 것이다.

29. 주문을 제때 처리하기 위해서, 저희는 이번 주에 직원들의 점심 휴식시간을 30분으로 줄일 수밖에 없습니다.

30. 피니건 씨에 의해 배부된 회람은 회사의 새로운 마케팅 전략 및 매출 목표를 요약한다.

31. 체스터 시의 시장은 새로운 놀이공원의 건설이 지역 관광에 긍정적으로 영향을 미칠 것이라고 생각한다.

32. 고용 위원회는 레이놀즈 씨가 연례 지출을 줄이는 것을 약속했기 때문에, 그에게 재무부장 직책을 제안하기로 결정했다.

33. 안티 바이러스 소프트웨어에 대한 문제를 접한 사용자들은 문제 해결 가이드를 참고할 것을 권고 받는다.

34. 그 요리법에서 낮은 칼로리를 선호하신다면, 크림을 저지방 요거트로 대체하셔도 됩니다.

35. 러닝머신에 있는 모든 전기 부품들은 적어도 3년 동안 기능이 지속될 것으로 보증됩니다.

36. 연구소로의 접근 권한을 얻기 위해서는, 보안 출입증을 입구에 있는 경비원에게 제시해야 한다.

37. 달링 씨는 디트로이트 교외에 새로운 제조 공장을 건설하는 데 대해 지지를 표했다.

38. 프로비전 사의 새로운 게임기가 매장에서 매진된 후에, 이 제품의 가격이 온라인 시장에서 거의 두 배가 되었다.

39. 심사위원들은 올해의 영국 체조 경기 우승자들을 발표하기 전에 두 시간 동안 숙고했다.

40. 프랭클린 과학 박물관은 일주일 내내 오전 10시에서 오후 8시까지 방문객들을 맞이한다.

DAILY QUIZ

7.

해석 행사 주최자가 대체 행사장을 선정하지 않는다면, 멜로디 뮤직 페스티벌은 올해 개최되지 못할 수도 있다.

해설 빈칸에는 행사 주최자가 행사를 개최하기 위해 대체 행사장과 관련해 할 수 있는 행위를 나타낼 어휘가 필요하므로 '~을 선정하다, 선택하다'를 뜻하는 (B)가 정답이다.

어휘 unless ~하지 않는다면, ~가 아니라면 alternative 대체의, 대안의 distribute ~을 나눠주다, 배포하다 select ~을 선정하다, 선택하다 withdraw ~을 인출하다, 철회하다

8.

해석 프레시디오 이벤트 사가 자사의 요금을 보장하기 때문에, 우리는 제안된 예산 안에서 자선행사를 기획할 수 있었다.

해설 빈칸 뒤에 제시된 '요금'이라는 명사를 목적어로 취하면서 행사를 정해진 예산 안에서 할 수 있게 하는 행위를 나타낼 수 있는 어휘가 필요하므로 '~을 보장하다, 보증하다'라는 뜻의 (A)가 정답이다.

어휘 rate 요금, 비율 fundraiser 자선행사, 모금행사 guarantee ~을 보장하다, 보증하다 advise ~을 충고하다, 조언하다

Day 03 동사 ④

표제어 문제 정답 및 해석

1. (B)	**2.** (A)	**3.** (A)	**4.** (B)	**5.** (B)
6. (B)	**7.** (B)	**8.** (B)	**9.** (B)	**10.** (A)
11. (A)	**12.** (A)	**13.** (B)	**14.** (A)	**15.** (B)
16. (B)	**17.** (A)	**18.** (A)	**19.** (B)	**20.** (B)
21. (B)	**22.** (A)	**23.** (A)	**24.** (B)	**25.** (B)
26. (A)	**27.** (B)	**28.** (A)	**29.** (B)	**30.** (B)
31. (A)	**32.** (B)	**33.** (A)	**34.** (B)	**35.** (A)
36. (B)	**37.** (B)	**38.** (A)	**39.** (A)	**40.** (A)

1. 비행편이 정원 이상으로 예약되면서 블랙 씨의 항공권 비용이 환불되었다.

2. 그 컨벤션 센터는 오전 9시부터 오후 6시 사이 모든 차량에 대해 주차 요금을 청구한다.

3. 매장 개업이 확실히 성공하도록 하기 위해, 우리는 유능한 행사 기획자를 채용할 계획이다.

4. 판매자들은 자신의 가판대나 부스에 업체명과 판매 허가증이 둘 다 잘 보이게 진열해야 한다.

5. 지역사회 센터에 있는 하모니 페스티벌 미술관에 작품을 전시하는데 관심이 있으신 분은 휴즈 씨에게 연락하시기 바랍니다.

6. 귀하의 스탠튼 도서관 회원카드가 발급되었으며, 3일 내에 도착할 것입니다.

7. 우리의 세미나가 신입직원들이 자신감을 얻는 데 도움이 되는 것으로 보여진다.

8. 뛰어난 디자인과 믿을 만한 직원들로 잘 알려진 가몬드 인테리어 사는 거주용과 사업용 건물을 둘 다 보수한다.

9. 로마 파스타의 모든 지점에서 무료 디저트로 교환될 수 있는 상품권을 동봉했으니 확인해보십시오.

10. 모바일 메일 사는 스마트폰 사용자들이 단 하나의 어플리케이션을 이용해 최대 10개의 다른 이메일 계정을 확인할 수 있게 해준다.

11. 사소한 결함들에 대해 몇 차례 보고가 있기는 했지만, 헨리 테크놀로지 사는 새로운 냉장고 제품군의 출시를 진행할 것이다.

12. 시에라 체육관에 대한 귀하의 회원권을 취소하고 싶으시다면, 저희 고객 지원팀으로 이메일을 주시기 바랍니다.

13. 카터 진료소는 환자들의 사생활을 보호하기 위해 모든 직원들에게 동의서에 서명할 것을 요구한다.

14. 어떠한 도난이나 사고를 피하기 위하여, 아파트 건물 관리인은 모든 세입자들에게 복도에 개인 물품을 두지 말 것을 상기시켰다.

15. 에버스 씨는 각 부서장들에게 새로운 교대근무 일정 절차에 대해 설명할 것이다.

16. 7월 29일에, 엘바 씨는 문테로 제약회사의 대표 이사로서의 취임 20주년을 기념할 것이다.

17. 귀하의 장치를 설치하는 것에 도움이 필요하시다면, 저희 기술 지원팀에 전화주시는 것을 주저하지 마십시오.

18. 주주총회에서, 펭 씨는 다음 해를 위한 회사의 목표와 확장 계획을 설명했다.

19. 셔틀버스는 매 30분마다 공항에서 출발하며, 맥시 호텔과 에버크레스트 인에 정차합니다.

20. 청사진의 초안에 기반해, 아카디아 영화관은 쇼

핑몰의 최고층 전체를 사용할 것이다.

21. 로드리고 씨는 직원 오리엔테이션 프로그램의 모든 면을 감독하도록 요청 받았다.

22. 개선된 생산 라인 기술은 제조 공장이 생산율을 세 배로 만들 수 있도록 할 것이다.

23. 모든 민턴 사의 직원들은 무료로 고급 영업 워크숍에 등록할 수 있다.

24. 마무리 발언에서, 신임 대표이사는 새로운 도전을 고대하고 있다고 덧붙였다.

25. 휴스턴 씨는 드모인으로 회사의 본사를 이전하는 것의 수많은 이점을 간략히 설명했다.

26. 유명한 건축 회사가 150년 된 리치몬드 극장을 원래의 상태로 복원하기로 계약을 맺었다.

27. 컴퓨터 바이러스의 위험을 줄이기 위해, 새로운 정책들은 전 직원이 안티 바이러스 소프트웨어를 설치하도록 의무화하고 있다.

28. 급여는 전문 지식과 경력에 기반해 다를 것이다.

29. 팔 벨리 베버리지 사는 강력한 고객층을 유지하고 있으며, 내년에는 해외로 확장할 계획이다.

30. 합격자는 인사 분야에서의 최소 4년의 경력과 전문 지식을 보유해야 한다.

31. 비록 인근의 여러 건물들이 철거 예정이지만, 시 의회는 그 오래된 극장은 보존될 것이라고 약속했다.

32. 에이펙스 스포츠웨어 사는 인력감축 중이며, 가장 인기가 없는 의류 제품군의 생산을 중단할 것이다.

33. 기술 회사의 창립자는 훌륭한 고객 서비스를 제공하는 것의 중요성을 강조했다.

34. 생산 라인에서 작업이 재개되기 전에, 기계적인 문제가 추가적으로 분석되어야 한다.

35. 벨몬트 소방서 주변의 많은 거리들에서 주차가 제한된다.

36. 피니건 씨는 지역 자선단체를 위해 만 달러 이상을 모금한 것에 대해 시 의회의 추천을 받았다.

37. 유명 야구선수 조니 레드몬드 씨가 우리 회사의 스포츠 의류를 홍보하기로 동의했다.

38. 저희 건강식품 제품들은 녹색의 '정부 인증' 상표를 통해 쉽게 구분될 수 있습니다.

39. 케인 씨를 잠정적인 공동작업자로 평가하기 위해, 우리는 그에게 이전 사진 작업물의 포트폴리오를 제출할 것을 요청했다.

40. 저희는 승객 여러분께서 비행기가 이륙하는 동안 자리에서 떠나는 것을 자제해주실 것을 요청드립니다.

DAILY QUIZ

7.

해석 크로포드 씨는 자신의 회사에 영향을 미치는 모든 재무 사안들을 감독하기 위해 높이 평가 받는 회계사를 고용했다.

해설 빈칸에는 빈칸 뒤에 제시된 명사구 all financial matters를 목적어로 취해 회계사가 하는 일을 나타낼 수 있는 어휘가 필요하다. 따라서 모든 재무와 관련된 일들을 감독한다는 의미가 되어야 자연스러우므로 '~을 감독하다'를 뜻하는 (C)가 정답이다.

어휘 **highly regarded** 높이 평가 받는 **accountant** 회계사 **matter** 사안, 문제 **affect** ~에 영향을 미치다 **accumulate** ~을 축적하다, 모으다 **oversee** ~을 감독하다

8.

해석 내일 있을 세미나는 영업사원들이 잠재 고객들을 찾고, 그들에게 다가가 관계를 맺는 능력을 평가하는 데 있어 도움이 될 것이다.

해설 빈칸에는 영업 사원들이 세미나에서 도움을 받을 수 있는 일을 나타낼 어휘가 필요한데, 영업 사원들의 능력과 관련된 행위를 나타내야 하므로 '~을 평가하다'를 뜻하는 (D)가 정답이다.

어휘 **identify** ~을 찾아 내다, 알아보다 **approach** ~에게 다가가다 **engage with** ~와 관계를 맺다 **succeed** 성공하다, ~의 후임이 되다 **evaluate** ~을 평가하다

Day 04 동사+전치사 콜로케이션

표제어 문제 정답 및 해석

1. (A)	**2.** (B)	**3.** (A)	**4.** (B)	**5.** (A)
6. (A)	**7.** (A)	**8.** (A)	**9.** (B)	**10.** (A)
11. (A)	**12.** (A)	**13.** (B)	**14.** (B)	**15.** (B)
16. (B)	**17.** (B)	**18.** (B)	**19.** (B)	**20.** (A)
21. (A)	**22.** (A)	**23.** (A)	**24.** (B)	**25.** (B)
26. (A)	**27.** (A)	**28.** (A)	**29.** (B)	**30.** (A)
31. (A)	**32.** (A)	**33.** (B)	**34.** (A)	**35.** (B)
36. (A)	**37.** (B)	**38.** (B)	**39.** (B)	**40.** (B)

1. 지난 몇 년간, 레드힐 지역은 조용한 거주 구역에서 인기 있는 쇼핑 지역으로 진화했다.

2. 세입자 연합 회의에서, 조직 회장은 종종 임대료에 대한 회원들의 질문에 응답한다.

3. 겔프 매뉴팩처링 사의 최고 운영 책임자는 생산 과정을 더 효율적으로 만들기 위한 방법들을 찾고 있다.

4. 치과 수술에 대한 예약 시간을 변경하고 싶으시다면, 이 문자 메시지에 답장해주십시오.

5. 아무도 워크숍에 등록하지 않으면, 워크숍은 사전 공지 없이 취소될 것입니다.

6. 다가오는 시의 토론회에 참가하고 싶은 지역 주민들은 시 의회 웹 사이트에서 등록해야 한다.

7. 영국 운동복 회사 살웨이 사는 자사가 북미로 확장하는 것을 계획하고 있다는 것을 기자회견에서 발표했다.

8. 비용 효율이 더 좋은 제품 포장은 감소된 제품 가격이라는 결과를 낳을 것이다.

9. 그 세미나는 직원들 및 고객들과 강력한 업무 관계를 쌓는 것에 주력한다.

10. 경영진은 레벨 1 안전 자격을 획득하지 않은 모든 직원들에게 보건 안전 워크숍에 등록할 것을 요청한다.

11. 허가 받은 마고 소프트웨어의 판매자 목록에 대해, 사용자 안내서 10 페이지를 참조하십시오.

12. 그 소셜 미디어 플랫폼의 창립자 샘 싱씨는 조 파간 씨의 인기 있는 팟캐스트의 두 시간짜리 방송에 나왔다.

13. 킷슨 씨와 협의할 필요가 있다면, 그의 개인 비서와 약속을 잡으시기 바랍니다.

14. 각각의 루모스 손전등은 어떤 제조사 결함도 보장하는 2년의 보증서가 딸려 온다.

15. 피오나 미들턴 씨는 대표이사 자리를 스틸먼 씨로부터 넘겨받을 가장 유력한 후보로 떠올랐다.

16. 코세이르 택배 서비스 사는 릴라이언트 배송 회사와 내년 초에 합병할 것이다.

17. 우리 주방에 있는 모든 가전기기들은 식당 산업의 공동 안전 규정들을 반드시 지켜야 한다.

18. 할로 자선단체는 전 세계에 근거지를 둔 25,000명이 넘는 회원들로 구성된다.

19. 선스포츠 사의 새로운 티셔츠와 수영복 제품군의 출시는 여름 연휴와 겹칠 것이다.

20. 귀하의 기사의 길이와 형식이 작성 안내서에 있는 지침을 따르도록 확실히 하시기 바랍니다.

21. 휴대폰 메세지 어플리케이션들은 사용자들이 가족 및 친구들과 쉽게 소통할 수 있게 해준다.

22. 그 다큐멘터리는 기술 회사가 파산한 이유를 밝히는 것에 집중할 것이다.

23. 비록 여러 결함들이 테스트 단계 동안 언급되었지만, 우리에겐 제품 출시 일정에 맞춰 진행하는 것이 중요하다.

24. 몇 주 동안 의류 매장을 오후 7시까지 개장한 이후, 소유주는 원래의 영업 시간으로 되돌아가기로 결정했다.

25. 그 영화감독은 모든 의료 장면들이 정확하게 묘사되도록 마조리 어빈 박사와 협력했다.

26. 애스콧 쇼핑몰의 새로운 매장들 중 하나인 애티카 프린트는 사진을 포스터나 인쇄된 유화로 변환하는 것을 전문으로 한다.

27. 그 직무를 위한 면접 단계로 가기 전에, 라글란 씨는 우선 여러 다른 경험이 많은 지원자들과 경쟁해야 한다.

28. 코벤 시 시장은 뮤직 페스티벌을 개최하는 것이 쓰레기의 증가로 이어지진 않을 것이라고 주장했다.

29. 홀든 씨는 회계부가 추가 인턴을 고용하는 것을

주의깊게 살펴야 한다고 생각한다.

30. 오크뷰 시티 농장을 방문할 때 동물들에게 먹이를 주는 것을 자제해주시기 바랍니다.

31. 케시 24시간 식당의 직원들은 순환 교대근무로 일하며, 오후 10시부터 오전 6시 사이에 추가 급여를 받는다.

32. 차량의 전면유리에 카메라가 확실히 붙을 수 있도록 카메라의 흡착판을 유리에 대고 단단히 누르십시오.

33. 로슨 씨는 보통 현지 지역에 근거지를 둔 고객들과만 만났지만, 제너 씨와 이야기하기 위해 로스앤젤레스로 출장가는 것에 동의했다.

34. 야구장에서 떠나기 전에, 제공된 쓰레기통에 자신의 쓰레기를 넣어주시기 바랍니다.

35. 앤더슨 씨의 신생 회사 출시는 여러 투자자들의 재정적인 지원에 의존할 것이다.

36. <베드포드 타임즈>는 언론계에서 경력을 쌓고자 하는 숙련된 대학 졸업생들을 찾도록 채용 회사를 고용했다.

37. 로잘리타 커피숍은 애들레이드 대학과 가까운 접근성에서 이익을 얻고 있다.

38. 앤디 첸 씨는 패티그루 씨가 출산 휴가 중인 동안에 임시 지점장으로서 근무할 것을 요청받았다.

39. 릴리패드 비스트로는 더 넓은 고객층에 매력적으로 다가가기 위해 채식 요리들을 도입했다.

40. 하트맨 씨의 재정 고문과 상담한 이후, 그는 전망이 있는 새로운 기술 회사에 투자하기로 결정했다.

DAILY QUIZ

7.

해석 메이페어 월넛 옷장은 사전에 조립되어 오지 않으므로, 포함되어 있는 조립 설명서를 참조하시기 바랍니다.

해설 빈칸에는 빈칸 뒤에 위치한 전치사 to와 함께 문맥상 옷장을 구매한 고객들에게 요청하는 내용의 어휘가 와야 한다. 따라서 빈칸 뒤에 제시된 조립 설명서를 보라는 의미가 되어야 자연스러우므로 to와 함께 '~을 참조하다'라는 의미의 (A)가 정답이다.

어휘 pre-assembled 사전에 조립된 refer to ~을 참조하다 assembly 조립 instruction 설명서 adapt 적응하다

8.

해석 스키너 아일랜드로 향하는 마지막 페리는 항구에서 오후 4시에 출발할 것이다.

해설 빈칸 뒤에 항구라는 장소와 오후 4시라는 시간이 제시되어 있으므로 특정 목적지로 향하는 페리의 출발 장소와 시간임을 알 수 있다. 따라서 빈칸 뒤에 제시된 전치사 from과 함께 '~에서 출발하다, 떠나다'라는 뜻을 가진 (B)가 정답이다.

어휘 depart from ~에서 출발하다, 떠나다 harbor 항구 withdraw ~을 회수하다

Day 05 기출 동의어 ④

표제어 문제 정답

1. (A)	**2.** (B)	**3.** (B)	**4.** (B)	**5.** (A)
6. (A)	**7.** (A)	**8.** (A)	**9.** (B)	**10.** (B)
11. (A)	**12.** (A)	**13.** (A)	**14.** (A)	**15.** (B)
16. (B)	**17.** (B)	**18.** (B)	**19.** (A)	**20.** (B)
21. (A)	**22.** (A)	**23.** (A)	**24.** (A)	**25.** (A)
26. (A)	**27.** (A)	**28.** (A)	**29.** (A)	**30.** (B)

DAILY QUIZ

1.

해석 현재 많은 기업들이 에너지 효율적인 기술 구현, 일회용 플라스틱 사용 줄이기, 재활용 프로그램을 운영에 통합하는 등 환경친화적인 관행을 채택하고 있습니다.

해설 에너지 효율적인 기술 구현, 일회용 플라스틱 줄이기, 재활용 프로그램 등은 일회성 이벤트가 아니라 습관적으로 실시하는 '관행'이므로 이와 같은 의미를 지닌 (B)가 정답이다.

어휘 adopt ~을 채택하다 practice 관행 implement ~을 실행하다 energy-efficient 에너지 효율적인 single-use 일회용의 incorporate ~을 포함시키다 regular action 정기적인 실행 profession 직업

2.

해석 당사의 고객 지원팀은 최근의 서비스 마비에 대한 귀하의 우려 사항을 처리하고 불편을 최소화할 수 있도록 신속한 해결 방법을 제공하기 위해 노력할 것이니, 안심하시기 바랍니다.

해설 고객 지원팀이 고객의 우려 사항을 address 한다는 것은 우려 사항에 응대하여 이를 해결하는 것이다. 따라서 '~에 대응하다, ~을 응대하다'라는 뜻을 지닌 (B)가 정답이다.

어휘 Rest assured 안심하세요 address 문제 상황 등을 다루다 concern 우려 disruption 방해, 지장 swift 신속한 resolution 해결 supervise ~을 관리 감독하다 respond to ~에 대응하다

3.

해석 그 회사는 다음 달 새로운 스마트폰 라인을 출시할 계획으로, 모바일 기술의 최신 발전 사항을 경험하고 싶어 하는 기술 애호가들 사이에서 기대감을 불러일으키고 있습니다.

해설 여기서 roll out은 '제품 등을 출시하다'라는 의미로 쓰였으므로 '~을 선보이다, 소개하다'라는 뜻을 지닌 (D)가 정답이다.

어휘 roll out ~을 출시하다 anticipation 기대, 예상 tech enthusiast 기술의 열렬한 지지자 eager to do ~할 것을 갈망하는 advancement 발전, 진보 spread ~을 펼치다 introduce ~을 선보이다, 소개하다

Week 04 실전 TEST

1. (C)	**2.** (B)	**3.** (A)	**4.** (C)	**5.** (A)
6. (C)	**7.** (C)	**8.** (C)	**9.** (B)	**10.** (B)
11. (C)	**12.** (C)	**13.** (A)	**14.** (C)	**15.** (B)
16. (B)	**17.** (A)	**18.** (A)	**19.** (D)	**20.** (C)
21. (A)	**22.** (B)	**23.** (D)	**24.** (C)	

1. When should we vacate the hotel room?

(A) I'll make a reservation.
(B) It has a 4-star rating.
(C) Noon at the latest.

언제 저희가 호텔 객실을 비워야 하나요?
(A) 제가 예약할게요.
(B) 그곳은 4성급이에요.
(C) 늦어도 정오까지입니다.

어휘 vacate (방, 건물 등) ~을 비우다, ~에서 나가다 make a reservation 예약하다 rating 등급, 평점, 순위 at the latest 늦어도

2. I recommend taking a train rather than driving yourself.

(A) The train arrived at 9.
(B) Thanks, I'll consider that option.
(C) I'd like a roundtrip ticket.

직접 운전하는 것보다 기차를 타시기를 추천합니다.
(A) 그 기차는 9시에 도착했어요.
(B) 감사합니다, 그 옵션을 고려해 볼게요.
(C) 왕복 티켓으로 주세요.

어휘 recommend -ing ~하기를 추천하다 rather than ~보다는, ~하지 않고 consider ~을 고려하다

3. Where should we place our belongings?

(A) In the overhead compartments.

(B) They're packed up in cardboard boxes.

(C) She went to check the lost and found.

어디에 저희 개인 물품을 놓아야 하나요?

(A) 머리 위쪽에 있는 짐칸에요.

(B) 그것들은 판지 상자로 포장되어 있어요.

C) 그녀가 분실물 보관소에 확인하러 갔어요.

어휘 place v. ~을 놓다, ~을 두다 belongings 개인 물품, 소지품 overhead compartments 머리 위쪽에 있는 짐칸 pack up ~을 포장하다, ~을 꾸리다 the lost and found 분실물 보관소

4. Ms. Feinstein will be arriving shortly.

(A) Please provide your registration number.

(B) No, the bus has already left.

(C) Great, I'll notify our guests.

파인스타인 씨께서 곧 도착하실 겁니다.

(A) 등록 번호를 제공해 주시기 바랍니다.

(B) 아뇨, 그 버스는 이미 떠났어요.

(C) 잘됐네요, 우리 손님들께 알려 드릴게요.

어휘 registration 등록 notify ~에게 알리다

5. What should we do about the leak in the roof?

(A) I'll call a local plumber.

(B) My apartment is four-stories tall.

(C) Sometime next week.

지붕에 새는 부분을 어떻게 해야 하나요?

(A) 제가 지역 배관공에게 전화할게요.

(B) 제 아파트는 4층 높이입니다.

(C) 다음 주 중으로요.

어휘 leak (물, 가스 등의) 새는 부분, 누출 local 지역의, 현지의 plumber 배관공

6. Ms. Ohori is interviewing candidates for the assistant manager position.

(A) No, I don't need any assistance.

(B) You should check the meeting room.

(C) Have you sent her all the résumés?

오호리 씨께서 부책임자 직책에 대한 지원자들을 면접하고 계십니다.

(A) 아뇨, 저는 도움이 전혀 필요하지 않습니다.

(B) 그 회의실을 확인해 보셔야 해요.

(C) 그분께 모든 이력서를 보내 드리셨나요?

어휘 candidate 지원자, 후보자 position 직책, 일자리 assistance 도움, 지원 résumé 이력서

7. Can you work the night shift on Tuesday?

(A) They're hosting a large event downtown.

(B) By Tuesday at noon.

(C) No, I already have plans.

화요일에 야간 교대 근무로 일하실 수 있으세요?

(A) 그분들이 시내에서 큰 행사를 주최해요.

(B) 화요일 정오까지요.

(C) 아뇨, 저는 이미 계획이 있습니다.

어휘 shift 교대 근무(조) host ~을 주최하다

8. When can I visit the property?

(A) The real estate agency.

(B) For a tour of the factory.

(C) Tomorrow afternoon.

언제 제가 그 건물을 방문할 수 있나요?

(A) 부동산 중개업소요.

(B) 공장 견학을 위해서요.

(C) 내일 오후에요.

어휘 property 건물, 부동산

9. We need to close the shop early tomorrow to take inventory.

(A) A box of printer paper.

(B) Ok, I'll post a sign at the entrance.

(C) They're out of stock.

우리가 재고 조사를 하기 위해 내일 일찍 매장 문을 닫아야 합니다.

(A) 프린터 용지 한 상자요.

(B) 네, 제가 출입구에 안내 표지를 게시할게요.

(C) 그것들은 품절입니다.

어휘 take inventory 재고 조사를 하다, 재고 목록을 만들다 post ~을 게시하다, ~을 내걸다

10. Have you filled the order for the office supplies?

(A) The store on Main Street.

(B) I took care of it yesterday.

(C) You need to fill out this form.

그 사무용품에 대한 주문을 처리하셨나요?

(A) 메인 스트리트에 있는 매장이요.

(B) 제가 어제 처리했습니다.

(C) 이 양식을 작성하셔야 합니다.

어휘 fill the order 주문을 처리하다 supplies 용품, 물품 take care of ~을 처리하다, ~을 다루다 fill out ~을 작성하다 form 양식, 서식

11.

해석 미드랜드 은행은 자사의 온라인 뱅킹팀을 위해 경력이 있는 웹 디자이너를 고용하기를 희망한다.

해설 '온라인 뱅킹팀을 위해 웹 디자이너를 고용하는 것을 바란다'는 맥락이 자연스러우므로 '~을 고용하다, 채용하다'를 의미하는 (C)가 정답이다.

어휘 experienced 경력이 있는 enter ~에 접속하다 hire ~을 고용하다, 채용하다 lead ~을 이끌다

12.

해석 곧 다가올 회사 출장에 대한 구체적인 세부사항을 위해, 행정 사무실에 있는 랭모어 씨에게 연락해 주십시오.

해설 빈칸에는 특정 정보를 얻기 위해서 빈칸 뒤에 제시된 대상에게 취할 행위를 나타낼 어휘가 필요하므로 '~에게 연락하다'라는 뜻의 (C)가 정답이다.

어휘 specific 구체적인 administration 행정 appeal 관심을 끌다 identify ~을 확인하다, 찾다 contact ~에게 연락하다

13.

해석 구매품을 다른 상품으로 교환하기를 원하는 리버사이드 백화점 고객들은 유효한 영수증을 제시해야 한다.

해설 빈칸에는 영수증을 제시해야 하는 이유를 나타내면서 백화점 고객이 구매품과 다른 상품에 대해 취할 수 있는 행위를 나타낼 어휘가 필요하다. 따라서 '구매품을 다른 상품으로 교환하기를 원하는'의 맥락이 되어야 자연스러우므로 '(같은 종류로) 교환하다'라는 의미의 (A)가 정답이다.

어휘 valid 유효한, 타당한 exchange (같은 종류로) 교환하다 display ~을 전시하다

14.

해석 연휴 기간의 수요를 충족하기 위해, 헤론 백화점은 추가 영업 보조사원들을 채용할 필요가 있다.

해설 빈칸에는 수요에 대응하기 위해 빈칸 뒤에 위치한 추가 영업 보조사원에 대해 백화점이 취해야 할 행위를 나타낼 어휘가 필요하므로 '~을 채용하다'라는 뜻의 (C)가 정답이다.

어휘 meet ~을 충족하다 demand 수요 conclude ~을 끝마치다, 결론을 내리다 recruit ~을 채용하다

15.

해석 홀브룩 그룹의 신축 호텔에 대한 마케팅 자료는 호텔의 가격 적정성과 편리한 위치를 강조하고 있다.

해설 빈칸에는 호텔이 마케팅 자료에서 가격 적정성과 편리한 위치에 대해 취할 수 있는 행위를 나타낼 어휘가 필요하므로 '~을 강조하다'라는 뜻의 (B)가 정답이다.

어휘 affordability 가격 적정성 emphasize ~을 강조하다 influence ~에 영향을 미치다 accessorize ~에 장식물을 달다

16.

해석 메이포드 에너지 사는 현재 소비자 설문조사 결과를 분석할 마케팅 컨설턴트를 찾고 있다.

해설 빈칸에는 마케팅 컨설턴트가 소비자 설문조사 결과에 대해 취할 행위를 나타낼 어휘가 필요하므로 '~을 분석하다'라는 뜻의 (B)가 정답이다.

어휘 decline 감소하다, 거절하다 analyze ~을 분석하다 advise 조언하다, 충고하다 conduct ~을 수행하다

17.

해석 모든 자쯔 전자의 가전기기에는 모든 부품에 대한 수리 및 교체 작업을 포함하는 2년의 품질 보증서가 딸려 온다.

해설 빈칸에는 빈칸 뒤에 위치한 전치사 with와 함께 쓰일 수 있으면서 가전기기와 보증서 사이의 관계를 나타낼 수 있는 어휘가 필요하다. 따라서 가전기기를 구매할 때 품질 보증서가 포함된다는 맥락이 자연스러우므로 with와 함께 '~가 딸려 오다'의 뜻인 (A)가 정답이다.

어휘 appliance 가전기기 come with ~가 딸려 오다 warranty 품질 보증(서) replacement 교체(품) part 부품

18.

해석 원더월드 테마 파크 방문자들은 공원의 탈것들을 즐기는 동안 휴대전화를 사용하는 것을 자제하라는 주의를 받는다.

해설 빈칸에는 방문객들이 놀이기구 탑승 중 휴대전화를 사용하는 것에 대해 취해야 할 행위를 나타낼 어휘가 필요하므로 빈칸 뒤에 제시된 전치사 from과 함께 '~을 자제하다, 삼가다'라는 뜻의 (A)가 정답이다.

어휘 be reminded to do ~라는 주의를 받다 ride 탈것 refrain from ~을 자제하다, 삼가다 forbid ~을 금하다 retreat 후퇴하다

19-22.

애니멀 디펜스 재단

저희 애니멀 디펜스 재단의 목표는 지역 내의 그 어떤 야생동물도 불법 사냥에 의해 부당하게 해를 입지 않도록 보호하는 것입니다. 저희는 **19** 끊임 없이 버크셔 카운티에 있는 삼림 구역과 하천들을 순찰하고 있습니다. **20** 이로써 사냥꾼들이 해당 구역에 출입하는 것을 막을 수 있습니다. 그리고 저희는 그들의 출현을 지역 당국에 보고합니다.

지역에 기반을 둔 단체 **21** 로서, 저희 애니멀 디펜스 재단은 지역 주민들의 도움에 의존하고 있습니다. 저희는 지역 야생동물을 **22** 보호하는 데 여러분의 지원을 필요로 합니다. 여러분의 지역에서 불법 사냥이 발생되고 있다고 생각하시는 경우, 555-3878로 연락 주십시오.

어휘 ensure that ~을 보장하다, ~하는 것을 확실히 하다 wildlife 야생동물 wrongfully 부당하게 through ~을 통해 illegal 불법적인 patrol ~을 순찰하다 woodland 삼림 stream 개천, 시내 presence 출현, 존재 authorities 당국 locally founded 지역을 기반으로 한 depend on ~에 의존하다 occur 발생되다, 일어나다

19.

해설 주어 We와 동사 patrol 사이에 위치한 빈칸은 동사를 수식하는 부사 자리이므로 (D)가 정답이다.

20.

(A) 최근 수자원 보존 법안이 통과되었습니다.
(B) 마침내, 저희는 환경 교육 기회를 제공합니다.
(C) 이로써 사냥꾼들이 해당 구역에 출입하는 것을 막을 수 있습니다.
(D) 저희 단체는 지역에서 공중 위생에 전념하고 있습니다.

해설 빈칸 바로 앞에 삼림 구역과 하천을 순찰한다는 내용이 있으므로 이를 This로 지칭하여 순찰 활동의 긍정적인 효과를 나타내는 (C)가 정답이다.

어휘 water conservation 수자원 보존 be dedicated to ~에 전념하다 public health 공중 위생

21.

해설 빈칸 뒤의 명사구 a locally founded group과 콤마 뒤에 위치한 주어 the Animal Defense Foundation이 동일한 대상이므로 자격이나 신분 등을 나타내는 전치사 (A)가 정답이다.

어휘 as (자격, 신분) ~로서 through ~을 통해

22.

해설 앞 문단에 단체가 야생동물이 불법 사냥에 의한 피해를 입지 않도록 하는 일을 한다고 했으므로 '~을 보호하다'라는 뜻의 (B)가 정답이다.

23-24.

수신: 폴 설리반 <psullivan@htchemicals.com>
발신: 어니 홉스 <ehobbs@htchemicals.com>
주제: 회신: 열쇠 분실
날짜: 4월 23일

안녕하세요, 폴 씨,

당신이 비품을 구하는데 그렇게 어려움을 겪고 있다니 유감입니다. 저는 우리 건물의 모든 방과 사무실에 대한 마스터 키를 가지고 있기 때문에, 항상 열쇠를 가지고 있습니다. 제가 **23** 지금 예비 열쇠를 접수원 책상의 서랍 안에 넣어 두었으니, 당신의 비서가 필요로 하는 것을 오늘 아무 때나 **24** 가져갈 수 있습니다.

저희가 비품실을 잠가두는 것은 직원들 때문이 아니라 주로 늦은 밤 용역원들이 물건들을 가져가기 때문입니다. 그 방을 잠그는 것이 직원들의 직무를 수행하는 동안 문제를 일으키는 줄은 몰랐습니다.

각 부장님들이 필요로 하는 사항을 처리할 수 있도록 열쇠의 복사본을 만들어 드릴까요? 아니면 아마도 제가 매일 아침 그 방의 문을 열고, 하루가 끝날 때 다시 잠가서 하루 종일 열려 있게 해야 할 것 같습니다.

안녕히 계십시오,

어니

어휘 missing 잃어버린 have trouble (in) ~ing ~하는데 어려움을 겪다 place ~을 놓다, 두다 back-up 예비의 drawer 서랍 pick up ~을 가져가다 mainly 주로 janitorial 용역의, 잡역의 in the course of ~하는 동안, ~하는 중에 take care of ~을 처리하다, 신경 쓰다 lock A up A를 잠그다

23. 어니 씨는 문제를 어떻게 해결했는가?

(A) 각각의 관리자에게 열쇠를 하나씩 주었다.
(B) 새로운 용역 서비스를 찾았다.
(C) 개인적으로 비품을 나누어 주었다.
(D) 열쇠를 접수원 책상에 넣어두었다.

해설 첫 번째 문단에서 어니 씨는 항상 마스터키를 가지고 있기 때문에, 접수원 책상에 방금 키를 넣어두었다고 언급하고 있으므로 (D)가 정답이다.

24. 첫 번째 문단의 네 번째 줄에 "pick up"과 의미가 가장 가까운 것은 무엇인가?

(A) 만나다
(B) 수확하다
(C) 얻다
(D) 배달하다

해설 제시된 단어 pick up이 포함된 문장은 열쇠를 특정 장소에 두었으니 언제든 가져가라는 맥락이므로 '~을 얻다, 가지다'라는 의미의 (C)가 정답이다.

시원스쿨 LAB